Der Orient, mein Rucksack und ich

NATIONAL GEOGRAPHIC
FLORIAN MÜLLER
MIT KORBINIAN MAYR-KENNERKNECHT
Der Orient, mein Rucksack und ich
WIE ICH IN SAUDI-ARABIEN
MODEL WURDE UND IN PAKISTAN
MIT SOLDATEN TEE TRANK

Inhalt

Ehrfürchtig vor der märchenhaften Fassade der Masdsched-e Emām Moschee in Isfahan. Nur ein Beispiel der eindrucksvollen Architektur im Iran.

Prolog

Prolog

Mein Herz pumpt, als uns die Soldaten plötzlich mit erhobenen Waffen befehlen, aus dem Auto zu steigen. Wir stellen uns in eine Reihe mit anderen Reisenden, die kontrolliert werden.

»Siehst du andere Touristen?«, frage ich Jacob, der sich daraufhin zu unserem Nachbarn beugt. »Pakistan?«, fragt er, woraufhin dieser den Kopf schüttelt. Unter den grimmigen Blicken der pakistanischen Soldaten traut sich niemand, aufzublicken, um nicht verdächtig zu wirken. Jacob hingegen lächelt seinen Nachbarn aufmunternd an, bis dieser schließlich vorsichtig antwortet.

»Afghanistan«, erwidert der junge Mann. Mein Mitreisender beugt sich jetzt verschwörerisch zu ihm. »Ah, Afghanistan«, sagt er interessiert. »Taliban?«

Mein Herz rutscht mir in die Hose. Ich sehe, wie sich einer der Soldaten zu einem Kameraden beugt und auf uns deutet. Mir wird übel. »Oh Mann, Jacob«, stöhne ich leise, »wehe wir kommen deswegen in den Knast.« Unser Nebenmann scheint ebenfalls Sorgen zu haben. Entgeistert reißt er die Augen auf und beginnt panisch mit den Armen zu rudern. »No, no, no, no Taliban«, sagt er hektisch im Flüsterton und auch unser Fahrer, der unbehelligt in Sichtweite im Auto sitzt, blickt sorgenvoll in Richtung des Soldaten, der jetzt in unsere Richtung marschiert. »Der hat das sicher nicht gehört«, erwidert Jacob betont locker, aber sein demonstratives Lächeln erscheint plötzlich nicht mehr so überzeugend.

»Passports«, adressiert uns der Soldat, als er uns erreicht hat. Etwas zittrig und käseweiß reicht ihm unser Nebenmann einen ausgeblichenen Lappen, den er kurz darauf wieder zurückbekommt und von dannen zieht. Jacob formt noch »sorry« mit den Lippen, aber der Mann ist einfach nur froh, dass er unbehelligt weiterfahren darf. Wir dagegen haben offenbar die Aufmerksamkeit des Militärs errungen. »You, journalists?«, fragt er mit Blick auf Jacobs Kameras.

»Touristen«, erwidern wir, woraufhin er einen ungläubigen Laut ausstößt.

»Tourists?«, presst er hervor und mustert uns von oben bis unten. »Tourists?!«, stößt er noch mal ungläubig hervor und blickt dann verwirrt in Richtung der Straßenabsperrung.

»Wait«, sagt er und geht schnellen Schrittes zu einem anderen Soldaten am Grenzposten, der offenbar sein Vorgesetzter ist. Die beiden Männer diskutieren kurz und heftig, blicken mit verschlossenen Mienen in unsere Richtung, ehe sie auf uns zukommen. Der zweite Soldat, ein Offizier mit beeindruckender Bandschnalle, hält sein Gewehr fest im Anschlag, als er sich vor uns aufbaut.

»You are journalists?«, fragt er ruppig, ohne uns zu begrüßen. Wir schütteln beide den Kopf.

»Tourists«, sagen wir einstimmig und ich setze meinen besten ›braver-Junge‹-Gesichtsausdruck auf, den ich aufbieten kann.

»Touristen, das kann nicht sein. Habt ihr ID?«, fragt der Offizier weiter auf Englisch. Wir reichen ihm unseren Pass, aber er schüttelt heftig den Kopf. »Nein, ID vom Hotel«, sagt er und klopft ungeduldig mit dem Fuß. Ich merke, wie ich allmählich etwas unruhig werde. Es scheint offenbar ein ernsthaftes Problem mit Touristen zu geben. Auch Jacob, der eigentlich in jeder Situation die Ruhe weg hat, zieht eine tiefe Sorgenfalte auf der Stirn.

»Haben wir irgendwas?«, frage ich Jacob, der ebenfalls ratlos mit den Schultern zuckt. Sein Blick streift die bewaffneten Soldaten, die uns argwöhnisch fixieren, und er beugt sich verschwörerisch zu mir. »Flo, du bist doch gegen Entführungen versichert, oder?«, fragt er dann leise. Als ich schockiert den Kopf schüttele, klopft er mir aufbauend auf die Schulter.

Wenn das ein Scherz war, denke ich, dann hat er ein ganzes Büschel grauer Haare gekostet. Hätte mir jemand vor ein paar Monaten gesagt, eine Versicherung gegen Entführungen wäre auf meiner Reise nötig, hätte ich ihn für verrückt erklärt. Aber was wusste ich damals schon. Als ich in der Türkei losgereist bin, war alles noch in Ordnung. Damals hatte ich noch einen Plan, wohin es gehen sollte. Heute dagegen ist jeder Tag aufs Neue ein Abenteuer.

Türkei

Ankunft im Orient

November 2018
»Leute, ich habe mich verliebt. Sie ist die Frau meines Lebens und ich werde sie heiraten.«

Zum dritten Mal betrachte ich nun den Chatverlauf und brüte darüber, was eigentlich schiefgelaufen ist. Vor exakt zwei Jahren ist das gewesen, als ich ziemlich euphorisch in den Gruppenchat meiner Freunde geschrieben habe. Dem ewigen Gedächtnis des Messengers sei Dank durfte ich zufällig auf der Suche nach alten Fotos über die Nachricht stolpern. Und seitdem verbringe ich den Flug in mein neues Leben damit, über mein altes Leben nachzudenken. Es ist viel passiert im vergangenen Jahr. Aber wenn alles so gelaufen wäre, wie ich es in dem Chat prophezeit habe, dann würde ich jetzt neben einer hübschen blonden Frau mit strahlend blauen Augen, mystischer Aura und mit einem bezaubernden Namen sitzen. Außerdem hätte ich einen Job, der mich glücklich machen würde und ein Leben, das ich gerne leben würde. Wir würden gemeinsam in die Türkei fliegen, Urlaub oder Flitterwochen machen, Reisen und Dinge unternehmen, die uns beiden Spaß machen. Aber daraus ist nichts geworden. Meinen Job habe ich gekündigt, meine Freundin hat mich verlassen und statt einer schönen Frau sitzt neben mir ein übergewichtiger Araber, mit dem ich mir seit eineinhalb Stunden meinen Sitz teile. Auch bin ich nicht auf dem Weg in den Urlaub oder zu einem neuen Job – sondern ich wage den verzweifelten Versuch, meinem bisherigen Leben zu entkommen.

»Please fasten your seatbelts, we will shortly arrive at Istanbul Airport.«

Die monoton freundliche Stimme des Stewards im Lautsprecher des kleinen Fliegers der Turkish Airlines reißt mich aus meinen

---

Kebab und traditionelles Gemüse. Bei diesem leckeren Abendessen darf eines nicht fehlen: der berühmte türkische Schnaps Raki.

Gedanken. Ich blicke aus dem Fenster und unter mir breitet sich das Tor in den Osten aus, durch das ich in Kürze gehen werde. Ich fühle mich plötzlich wie eine Ameise, die vom Weg ihrer Artgenossen abgekommen ist und sich alleine in der gigantischen Welt zurechtfinden muss. Die Ausmaße Istanbuls schüchtern mich von oben derartig ein, dass ich tiefer in meine Selbstzweifel sinke. Noch könnte ich zwei Wochen Urlaub machen und mir dann einen neuen Job suchen.

Es ist nicht so, dass mein Leben besonders tragisch verlaufen wäre. Meine Eltern haben mich wohlbehütet aufgezogen und mir alles gegeben, was ich brauchte und wollte. Sie würden alles tun, um mich vor den Übeln der Welt zu beschützen. Egal, wie alt ich bin. Es ist also kein Familienclan hinter mir her, der mich zwingt auszuwandern – im Gegenteil, meine Eltern hätten mich am liebsten in Deutschland behalten. Auch bin ich nicht auf der Flucht vor meinen Gläubigern oder habe jüngst den Staat um Milliarden betrogen, indem ich mir für meinen insolventen Zahlungsdienst haushohe Investitionszuschüsse erschlichen habe. Nein, mein Leben ist nicht das eines Geheimagenten, der durch die Welt reist und aufregende Sachen erlebt, über die man Filme drehen und Bücher schreiben kann. Ich bin ein ziemlich normaler Typ, den man wie tausend andere auf der Straße trifft und sich nichts dabei denkt. Ich bin dafür gemacht worden, meine Tage zwischen 9 und 17 Uhr in einem Großraumbüro zu verbringen, mit den Kollegen über Fußball zu quatschen und über den Chef zu scherzen, am Abend mit der Freundin Netflix zu gucken, irgendwann zu heiraten, zwei Kinder zu bekommen und auf die nächste Beförderung zu hoffen. Zwischenzeitlich würde ich den Arbeitgeber wechseln, aber im Grunde bliebe alles gleich. Ohne Risiko und mit einer gesunden Balance an Beständigkeit und Abwechslung könnte ich durch das Leben gehen. Bislang lief alles, was ich getan habe, auf dieses Szenario raus. Ich habe sämtliche Stationen auf dem Weg dorthin abgehakt: Abitur – Studium – Arbeit – Frau. Naja, das mit der Frau hat noch nicht geklappt. Im Grunde ist alles optimal in meinem Leben. Aber jetzt, kurz vor meinem dreißigsten Geburtstag, stellt sich mir erstmals die Frage: Ist es das, was mich wirklich glücklich macht?

Das Deprimierende daran ist nicht, dass ich mir diese Fragen stelle. Sondern, dass ich sie mir nach dreißig Jahren meines Lebens immer noch nicht beantworten kann.

Die Landebahn unter mir kommt unaufhaltsam näher und es fühlt sich für einen Moment so an, als würde ich nicht nur auf festem Untergrund landen, sondern auch auf dem Boden der Tatsachen. Ich hole den kleinen Rucksack unter meinem Sitz hervor und sortiere all meine Sachen. Smartphone, Handstativ, Mikrofon, Laptop, Ladegeräte – alles da, was ich für mein Vorhaben brauche. Ich verdränge all die Gedanken, die mich in die Vergangenheit zurückreißen und konzentriere mich auf das, was vor mir liegt. Denn sie wird kein leichtes Unterfangen, diese Reise. Aber wenn alles gut geht, dann bin ich danach dort, wo ich hinmöchte – bei mir selbst.

Istanbul. Das Tor in den Osten

Das ungewöhnlich warme Novemberwetter lässt sommerliche Gefühle in mir aufkommen und ich spüre, wie das aufkeimende Abenteuer den Tatendrang in mir weckt. Sightseeing in Istanbul ist angesagt: Vor mir kündigt der Aufgang zu einer riesigen Brücke den gigantischen Bosporus an und dahinter erahne ich die größte der Sehenswürdigkeiten Istanbuls: die Hagia Sophia im Ensemble mit der Blauen Moschee. Auf halbem Weg über die riesige Brücke, die die gigantische Meerenge überquert, fasse ich mir ein Herz. »Entschuldigung«, sage ich auf Türkisch zu einem vorbeigehenden älteren Mann und gestikuliere zu meiner Kamera. »Könnten Sie ein Foto machen? «, frage ich dann auf Englisch. Auch wenn er nicht so wirkt, als ob er ein Wort verstehen würde, weiß er, was zu tun ist. »Mit dem Bosporus im Hintergrund bitte«.

Irritiert blickt er mich an. »Junger Mann, das ist nicht der Bosporus«, erklärt er mit leichtem Akzent und zeigt mir dann freundlich lächelnd die eigentliche Meerenge. Er drückt mir meine Kamera in die Hand und klopft mir aufbauend die Schulter, während ich vor Scham im Boden versinke. Was ich fälschlicherweise für einen Hafen gehalten habe, stellt sich als die trennende Meerenge zwischen dem europäischen und dem asiatischen Kontinent heraus. Vor mir erstreckt sich eine Wasserstraße, die mehr an eine Autobahn erinnert, als an ein beschauliches Stück Meer, nur mit Booten statt mit Autos. Unzählige Schiffe, Segelboote, Frachter und Fähren kreuzen und queren das Gewässer und es gleicht einem Wunder, dass keines der Boote kollidiert. Unsicher lächelnd blicke ich meinem Aufklärer hinterher und nehme mir fest vor, weniger selbstgefällig zu sein. Das hier ist ein fremdes Land und auch wenn die Türkei nicht weit weg zu sein scheint, so habe ich doch keine Ahnung von ihr. Ich lasse am besten alles unvoreingenommen auf mich zukommen.

Reumütig krame ich mein Smartphone mit der *Lonely Planet*-App hervor und scrolle diesmal dahin, wo man als Neuling beginnen sollte: an den Anfang.

Es stellt sich heraus, dass ich mich auf der Galatabrücke befinde, die den hippen Stadtteil Karaköy mit dem historischen Stadtteil Eminönü verbindet. Beide sind noch Teil des europäischen Kontinents, wie ich der Stadtkarte in meinem Reiseführer entnehmen darf. Auf der Brücke überquert man das Goldene Horn, das nicht etwa ein Gasthaus aus einem Fantasyroman, sondern ein gigantischer Nebenarm des Bosporus ist. Der Bosporus trennt Europa von Asien und verbindet das mir bis dahin völlig unbekannte Marmarameer mit dem Schwarzen Meer. Die Meerenge, die Istanbul umschließt, gestaltet sich damit als eine der wichtigsten Wasserstraßen im gesamten eurasischen Raum. Als verkappter Betriebswirt brauche ich nicht viel Vorstellungsvermögen, um zu begreifen, welche geo-wirtschaftliche Bedeutung dem vor mir liegenden Verbindungskanal zukommt: Sämtliche Anrainerstaaten des Schwarzen Meeres lassen große Teile ihres globalen Schiffshandels durch das Nadelöhr bei Istanbul laufen, darunter auch Russland und die Ukraine. Ganz abgesehen von dem Handelsvolumen, das tagtäglich diese Wasserstraße bewältigt, dämmert mir allmählich die politische Bedeutung, die der Stadt Istanbul damit zukommt – und in ihrer Geschichte schon immer zukam. Auch heute noch macht der Bosporus einen Teil von Istanbuls Anziehungskraft als Weltstadt aus.

Es dauert einige Zeit, bis ich mein Ziel erreiche. Auf dem Weg durch die Altstadt wird mir immer deutlicher bewusst, welche immensen Ausmaße die Stadt einnimmt. Allein der Weg vom Goldenen Horn bis zum Gülhane-Park dauert fast fünfzehn Minuten zu Fuß und nimmt nicht einmal einen Fingerbreit auf der Stadtkarte ein. Ohne öffentliche Verkehrsmittel werde ich sicherlich nicht auskommen, wenn ich die Stadt bis ins letzte Detail erkunden möchte. In deutscher Manier habe ich mir für die Zeit in Istanbul einen Plan gemacht, den es abzuarbeiten gilt: Museen, Moscheen, berühmte Plätze und Gebäude warten nur darauf, sich meiner Neugier zu beugen.

Die Hagia Sophia ist der Champion unter den Sightseeing-Spots: Museum, Moschee und Kirche zugleich. In der Touristenbibel ist

Der große Basar Istanbul macht seinem Namen alle Ehre: Gleich mehrfach muss ich nach dem Weg fragen. Unten: Auf dem Gewürzbasar erfahre ich Gerüche wie nie zuvor. Der verkaufstüchtige Standinhaber gibt mir zudem einen Geschmackseindruck seiner eigenen Çay-Mischung.

LİMAN
KAHVE

das die heilige Dreifaltigkeit in Gebäudeform. Dementsprechend wenig überrascht bin ich, als schon auf dem Weg zu der Moschee zahlreiche Reisebusse Ströme an Touristen ausspucken, die mir den Weg planieren. Ich möchte gar nicht wissen, welche Massen hier im Sommer unterwegs sind, denke ich, während ich einer aufgeregten Gruppe asiatischer Touristen ausweiche.

Nach ein paar weiteren Minuten Fußweg baut sich das gigantische Gebäude mit seinen vier Minaretten und den ineinander verschlungenen Kuppeln vor mir auf. Ich begreife sofort, weshalb die einstige Kirche die Touristenattraktion schlechthin ist. Die Hagia Sophia ist 1500 Jahre alt und gehört zu den frühesten Symbolen des christlichen Kaisertums. Sie übersteigt die Ausmaße jedes christlichen Doms, den ich bislang besucht habe und als ich nachlese, dass sie in nur fünf Jahren gebaut wurde, bin ich vollends überwältigt. Es dauerte über 650 Jahre, bis der Kölner Dom fertiggestellt war, und für diese Riesenanlange vor mir brauchte man nur fünf?

Die Hagia Sophia kann ich auf meiner To-do-Liste abhaken und mich der nächsten Sehenswürdigkeit zuwenden – die glücklicherweise nicht weit weg ist. Die Blaue Moschee befindet sich nämlich direkt gegenüber, keine fünfhundert Meter entfernt. Das Ensemble prägt damit das Antlitz der europäischen Bosporusseite. Gespannt auf die Unterschiede zwischen Moschee und Moschee-Kirche-Museum gehe ich quer über den Platz und staune bei dem Anblick: Die beiden Gebäude sind sich so ähnlich, dass ich keinen Unterschied erkenne.

Irritiert blicke ich mich um. In der Nähe steht eine Gruppe Reisender, die aufgeregt erst die Hagia Sophia und dann die Blaue Moschee knipsen, während der Guide in gelangweiltem Englisch ein paar Fakten über die Gebäude von sich gibt.

»… ist die Sultan-Ahmed-Moschee die Hauptmoschee von Istanbul. Ihr Erscheinungsbild ist angelehnt an die Architektur der Ayasofya, die das Bild unserer Gotteshäuser mit der Eroberung Konstantinopels stark geprägt hat. Wie Ihnen vielleicht aufgefallen ist, sind die sechs Minarette außergewöhnlich viele, einzigartig in der Türkei …«

Der Galataturm, einer der vielen Klassiker unter den Sehenswürdigkeiten von Istanbul

Stolz, wieder etwas gelernt zu haben, halte ich inne und lasse mich auf einer der Sitzbänke neben mir nieder. Eine richtige Brotzeit habe ich zwar nicht, aber ein paar Kleinigkeiten nehme ich immer für den Hunger zwischendurch mit.

»Wuff«, höre ich neben mir, als ich in meinen Müsliriegel beißen möchte.

»Na sowas, hast du Hunger? «, frage ich den Streuner, der langsam in meine Richtung schlendert. Interessiert schnuppert der Mischling an mir und entscheidet dann, dass ich zwar nicht essbar bin, aber scheinbar als angemessene Gesellschaft tauge. Gemächlich lässt er sich auf der Sitzbank nieder zum Nickerchen.

Eigentlich hat er recht, denke ich mir. Das Ziel meiner Reise sollte es sein, die Orte »zwischendrin« zu finden. Jene Plätze, an denen ich nicht ständig etwas suchen und erleben muss, sondern einfach den Moment genießen kann. Der Streuner neben mir hat das besser begriffen als ich. Innerlich gehe ich die Liste an Sehenswürdigkeiten durch – die, die ich noch vor mir habe, und die, die ich schon gesehen habe – und merke, dass ich bisher nur gehetzt war und keinen Moment Ruhe hatte. Ich war auf der Suche nach etwas Besonderem – und ja, ich habe auch Besonderes gefunden. Die Moscheen, die Museen, die Brücken – all das ist sehr beeindruckend und ohne Frage lohnt es sich, nur deshalb hierher zu fahren. Aber ist es das, was ich will?

Aus der Entfernung sehe ich, wie die Reisegruppe wieder in ihren Bus hetzt, um zur nächsten Station zu fahren. Einer der Mitreisenden fängt an, heftig mit dem Guide zu diskutieren und wedelt ständig in Richtung Hagia Sophia. Anscheinend war ihm der Besuch zu kurz. Die Übrigen verschwinden jedoch schnell im Bus wie in einer Höhle und schließlich zuckt der Guide nur mit den Schultern und lässt den Mann stehen. Ich könnte es ja machen wie die, denke ich. Jemandem Geld geben, dass er mir die großen Kulturschauplätze der Türkei zeigt, mir ein paar Sachen dazu erzählt und am Abend ein Essen und einen Platz zu schlafen organisiert. Oder ich versuche mich von meinen Zwängen loszureißen, einfach weniger Deutsch zu sein. Keine Liste, kein Plan, kein Zeitdruck. »Ich bin Reisender«, sage ich zu mir und in diesem Moment werfe ich meinen kompletten Plan über den Haufen. Ab jetzt fahre ich an die Orte, auf die ich Lust habe. Vielleicht finde ich ja ein paar Einheimische, die mir Tipps geben können.

Die *Lonely Planet*-App stecke ich weg und nehme mir vor, die Stadt noch mal neu zu erkunden – und zwar aus meinem ganz eigenen Blickwinkel. Ich mache es so, wie mein neuer Freund, der Streuner. Als ich aufstehe, lässt er sich über den Kopf streicheln und weint mir keine Träne hinterher: Ich war für einen Moment in seinem Leben, im nächsten bin ich wieder weg. Wie ein Wanderer, der die Dinge so nimmt, wie sie kommen. Mal sehen, was mich noch alles erwartet.

Auf den Spuren von Mohammed in Selçuk

Ehe ich aufbrach, hatte ich mir das Reisen in der Türkei etwa so vorgestellt: Ein klappriger alter Van würde mich bis vor die Grenzen der Stadt Istanbul bringen. »Von hier an musst du allein weiterkommen«, hätte der junge Mann in weißen Roben gesagt, während die Türen knallen und sein Motor aufheult. Verzweifelt hätte ich mich umgesehen und mir wäre nichts anderes übrig geblieben, als den holprigen Feldweg, auf dem ich abgeladen wurde, weiter entlangzulaufen.

»Selçuk?«, frage ich vorsichtig am Schalter des Busbahnhofs und der Herr hinter dem Tresen lächelt mich freundlich an. »Morgen früh fährt ein Bus, den können Sie nehmen. Die Fahrt dauert etwa sieben Stunden mit Zwischenstopp«, erwidert er und druckt mir das Ticket aus. »Wo genau fährt der Bus ab?«, frage ich und der Servicemitarbeiter deutet auf die entsprechende Nummer am Ticket. »Sie fahren mit so einem«, fügt er an und nickt zu einem weißen Reisebus, der gerade abfährt.

Ich bin immer wieder davon überrascht, wie sehr Vorurteile in meiner Fantasie Gestalt annehmen – die Türkei ist ein hochmodernes Land mit einer ähnlichen Infrastruktur wie Deutschland. Dementsprechend modern ist auch der Bus, in dem ich fahren darf. Polstersessel mit viel Platz und einer absolut luxuriösen Ausstattung sind praktisch Standard. Trotzdem war ich bis zuletzt davon überzeugt, dass ich über rumplige Wege trampen müsse – natürlich völliger Blödsinn. Selbst die Plätze im Bus sind für jeden einzelnen Passagier reserviert, sodass es zu keinem Gezanke kommen kann.

»Was für ein komischer Zufall, dass alle Frauen auf einer und die Männer auf der anderen Seite sitzen oder nicht?«, adressiere ich naiv lächelnd an meinen Sitznachbarn, kurz nachdem wir losgefahren sind. Der junge Mann, sicherlich nicht älter als zwanzig Jahre, blickt mich mit seinen scheuen Rehaugen an und schüttelt ängstlich

den Kopf. »Englisch?«, frage ich, woraufhin er erneut fast schon traurig mit dem Kopf schüttelt. Okay, alles klar, denke ich. Für die nächste halbe Stunde versuchen wir es mit Zeichensprache, wobei das einzig verwertbare, das ich aus ihm herausbekomme, ist, dass er auf dem Weg nach Hause ist. Ich merke schnell, dass mein Sitznachbar nicht der Einzige ist, der kein Englisch spricht. Je mehr sich die Landschaft verändert und wir weiter ins Landesinnere vordringen, mit seinen Hügeln und Tälern, desto mehr wird mir klar, dass Istanbul eine internationale Metropole ist. Die ländliche Gegend erscheint mir deutlich weiter weg von der westlich geprägten Wirklichkeit der Stadt am Bosporus. Vor dem Busfenster zieht die Landschaft vorbei, die sich allmählich vom saftigen Grün mittlerer Breiten zum mediterranen Oliv wandelt.

Ephesus, nahe der heutigen Stadt Selçuk: Die Celsus-Bibliothek ist eine der besterhaltenen Bibliotheken der Antike.

Bei Ankunft in meinem Hostel kann ich zwei Dinge kaum erwarten: erstens, mich ins WLAN einzuloggen, zweitens, neue Leute kennenzulernen. Am besten Einheimische, aber zumindest ein paar Reisende.

»Hier ist das Passwort«, sagt der Rezeptionist und drückt mir eine kleine Karte in die Hand. »Teşekkür ederim«, erwidere ich und deute auf das leere Foyer. »Gibt es keine anderen Gäste als mich?«

Der Mann mittleren Alters schüttelt den Kopf. »Nichts los, momentan. Sie sind unser einziger Gast.«

»Oh, okay«. Klar, ich hatte ja schon gehört, dass Selçuk etwas verschlafen ist. Aber so? Am selben Abend entschließe ich mich, etwas durch die Straßen zu ziehen und herauszufinden, ob der Eindruck aus dem Hostel für die ganze Stadt gilt. Jetzt könnte ich natürlich die großen Straßenzüge suchen und die vielen Sehenswürdigkeiten. Aber ehrlich gesagt … Nein.

Ich finde einen Imbiss in der Ortsmitte. Bemerkenswert ist, dass ich den ganzen Abend keine Menschenseele treffe. Niemanden. Schade, eigentlich. Ich hole mir ein Börek und setze mich auf eine der Bänke im Central Park Selçuk. Im Grunde nur eine begrünte Straßenkreuzung, denke ich, und kann meine Enttäuschung nicht verbergen. Es kann hart sein, wenn man alleine unterwegs ist, denn gelegentlich wäre etwas Ablenkung von mir selbst ganz angenehm. Nicht, dass ich nicht gerne alleine bin. Aber manchmal fühlt man sich eben doch etwas einsam, wenn man auf Reisen ist.

Aus meinem kleinen Tagesrucksack krame ich mein Reisetagebuch, in das ich immer dann reinschreibe, wenn ich unterwegs einen freien Moment habe, und ich beginne darin zu blättern. Seit meiner Ankunft in Istanbul ist kaum mehr eine Seite entstanden und mich packt gleich ein schlechtes Gewissen. »Selçuk« schreibe ich schwungvoll als Überschrift und überlege mir, was ich von meinen Gedanken festhalten möchte.

»Selâmün aleyküm, Freund«, höre ich jemanden neben mir sprechen. Zwei junge Männer, etwa in meinem Alter, sind unbemerkt neben mir aufgetaucht. Einer von ihnen, der ein Buch unter seinem Arm geklemmt hat, deutet auf die Sitzbank und sagt etwas auf Türkisch.

»Sorry«, erwidere ich, »nur Englisch.«

»Ah«, sagt er. »American?«

»German«.

Der Zweite der beiden fängt plötzlich an zu lachen. »Wie hoch ist die Wahrscheinlichkeit, dass man im November mitten in Selçuk einen Deutschen trifft?«, fragt er und ich verstehe jedes Wort – er spricht nämlich fließend Deutsch.

»Ihr sprecht Deutsch?« Ich kann meine Überraschung kaum verhehlen.

»Wir sind Deutsche«, sagt der andere und lächelt freundlich. »Oder zumindest sind wir in Deutschland aufgewachsen. Können wir uns kurz zu dir setzen?«

»Natürlich«, erwidere ich freudig. »Gerade habe ich mich noch einsam gefühlt, und dann kommt ihr zwei vorbei«.

»Das ist Gottes Weg. Wie heißt du?«

»Flo«, sage ich und die beiden anderen stellen sich als Achim und Kerem vor. »Seid ihr im Urlaub hier?«

Kerem schüttelt den Kopf. »Ich arbeite in Istanbul in einem Callcenter. Du weißt schon Telekom und so. Achim wohnt hier bei seiner Familie«.

»Du arbeitest für ein deutsches Callcenter in der Türkei?«, frage ich nach, nicht sicher, ob ich ihn richtig verstanden habe.

Kerem nickt. »Das machen viele Firmen, weil die Türkei billiger ist. Aber du bist im Urlaub, oder?«

»Weltreise«, korrigiere ich. »Ich bin unterwegs, um Neues zu erleben.«

Der andere, Achim, deutet auf mein Tagebuch, das ich zugeklappt in den Händen halte. »Ist das der Koran?«

Überrascht halte ich mein Büchlein hoch. »Das? Nein, das ist nur mein Reisetagebuch.«

»Du hattest recht«, sagt Achim zu seinem Freund. »Ich dachte, es sei der Koran, der Buchrücken ist ganz ähnlich.« Er nimmt das Buch, das er bisher unter seinem Arm geklemmt hatte und hält es neben meines. »Nein, sieht nur so aus«, sage ich entschuldigend und blättere die leeren Seiten auf.

»Glaubst du denn an Gott?«, fragt Kerem und setzt sich ebenfalls auf die Bank.

»Naja«, erwidere ich zögernd, »also ich bin kein Bibel-Spezialist, wenn du das meinst.«

»Nein«, sagt der groß gebaute Mann, »ich frage nur, weil ich wenige Deutsche kennengelernt habe, die wirklich gläubig sind.«

»Mmh«, stoße ich nachdenklich hervor. »Ich glaube, die Deutschen reden da nicht so oft drüber. Aber die Religion ist in Deutschland nicht so präsent wie hier. In den Moscheen, die ich in Istanbul gesehen habe, war immer was los, Kinder haben gespielt und junge

und alte Menschen unterhalten sich. Das ist bei uns anders. Eigentlich sind fast nur noch Senioren in der Kirche«.

Achim nickte zustimmend. »Ja, das kann ich mir vorstellen. Es ist aber auch sehr kalt in den christlichen Kirchen. Ein Gotteshaus sollte einladend und gemütlich sein, finde ich.« Auch Kerem signalisiert seine Zustimmung. Ich schweige, denn ich kann gar nicht sonderlich viel dazu sagen. In einer Kirche war ich seit etwa zehn Jahren nicht mehr und als religiös würde ich mich auch nicht bezeichnen. Aber das teile ich meinen Gesprächspartnern nicht mit. Ich spüre, dass sie davon getroffen wären und dass ihnen ihr Glaube sehr wichtig ist. Es wäre taktlos, in einem freundlichen Gespräch die Existenz von Gott infrage zu stellen. Die beiden erzählen mir daher ein wenig von ihrer Religion und ich höre gespannt zu. Aber vor allem bin ich froh, dass ich doch noch jemanden getroffen habe, der mich für einen Moment von der Einsamkeit ablenkt, die mich heute Abend eingeholt hat.

Ephesus, Ruine des großen Theaters. Die Ausmaße sind beeindruckend: Fast 24 000 Zuschauer konnten die Vorstellungen der antiken Schauspieler bewundern.

Ich bin nicht traurig, dass ich Selçuk nach meiner zweiten Übernachtung direkt wieder verlasse. Ich habe mir am nächsten Tag die antike Stadt Ephesus angesehen, was ziemlich beeindruckend war. Aber nach sechs Stunden alten Ruinen und einer Wagenladung voller Touristen konnte ich die verfallenen Gebäude nicht mehr voneinander unterscheiden. Ja, Selçuk, wir hatten ein kurze Zeit und sie war so irrsinnig …

… so besonders …

… naja, also …

… es war schon ganz in Ordnung.

Na gut, ich drücke absichtlich auf die Tränendrüse. Ich lenke mich gerade ab, um unschuldig zu wirken, weshalb ich eifrig in mein Reisetagebuch schreibe. Ich bin mir nicht sicher, ob es gelingt. Die Polizisten, die gerade in den Zug gestiegen sind, scheinen irgendjemanden zu suchen. Als Ausländer bekommt man schnell Muffensausen, wenn schwer bewaffnete Männer damit anfangen, Ausweise zu kontrollieren. Was, wenn mit meinem Pass irgendetwas nicht stimmt und man doch ein Visum benötigt? Auf meiner Stirn bilden sich allmählich Schweißperlen. In der Türkei weiß man derzeit nie, ob man nicht doch türkische Verwandte hat, die mit irgendwelchen Staatsfeinden zu tun haben.

Kappadokien und türkischer Fußball

Der Polizist mustert mich kurz und fragt dann gleich auf Englisch. »Ausweis?«

Etwas nervös reiche ich ihm meinen Reisepass, er wirft einen kurzen Blick hinein, gibt ihn mir zurück und geht leise murmelnd zum nächsten Sitz. Meine Paranoia war völlig unbegründet. Warum sollte mich auch irgendwer verfolgen? Immerhin ist das hier die liberale Türkei und nicht der Iran oder Saudi-Arabien, wo ich vermutlich ziemlich leicht ins Gefängnis kommen könnte.

Auf der Weiterfahrt mache ich einen Zwischenstopp in Pamukkale, wo ich einen ruhigen Abend in einem kleinen Hostel verbringe. Dass ich niemanden treffe, macht mir nichts, weil ich am nächsten Morgen früh aufstehe und zu Fuß zu den weißen Terrassen gehe. Obwohl es sehr kalt ist, ist das Quellwasser angenehm warm. Der hohe Calcium-Gehalt im Wasser sorgt dafür, dass die eindrucksvollen Tümpel wie gefrorene Wasserfälle aussehen.

Als ich von Pamukkale weiter nach Kappadokien fahre, verändert sich die Landschaft schleichend. In der Stadt Göreme staune ich schließlich über den Anblick, der sich mir bietet. Ich fühle mich ein wenig wie auf einem anderen Planeten, wobei ich mich nicht zwischen dem Wüstenplanet Tatooine aus Star Wars und der Festung Minas Tirith aus Tolkiens Mittelerde entscheiden kann. Rings um mein Hotel türmen sich karge weiße Felsen wie Kamine in den Himmel, wohin das Auge blickt. Mitten in der Stadt, zwischen den Häusern und außerhalb davon.

Mein Hotel finde ich inmitten der eigenartigen Felshügel Göremes. Ich klopfe verhalten. Als niemand aufmacht, öffne ich die Tür und linse vorsichtig hinein. Ich stehe plötzlich mitten im Wohnzimmer einer kleinen Familie, die gerade beim Abendessen sitzt.

»Merhaba«, sage ich vorsichtig. Ein Mann mit Dreitagebart springt hastig vom Tisch auf und beginnt laut auf Türkisch zu schimpfen, während die anderen drei – vermutlich Mutter, Sohn und Tochter – ebenfalls sehr hektisch den Tisch abräumen. Mit einem wütenden Zischen scheucht die Frau die beiden Kinder aus dem Raum, wischt noch einmal über den Tisch und schließt dann die Tür zum Nebenraum hinter sich.

»Willkommen«, begrüßt mich der Familienvater mit offenen Armen, breitem Lächeln und sympathischem türkischem Akzent. Als wäre nichts gewesen, bittet er mich herein und führt mich an einen kleinen Schreibtisch, der in den Raum hineinragt und offenbar als Rezeption fungiert.

»Hallo«, erwidere ich etwas unsicher. »Bin ich hier richtig im Göreme Traveler Hotel? Ich wollte nicht stören«, füge ich mit Blick auf den hastig abgeräumten Tisch an.

»Nein, wir waren schon lange fertig. Herzlich willkommen«, erwidert der Mann, der offenbar auch der Hotelbesitzer ist. Während er mir die üblichen Formalitäten des Hotelgeschäfts erklärt, schweift mein Blick durch den Raum und bleibt an einem gigantischen Trikot an der Wand hinter ihm hängen. »Beşiktaş Istanbul«, platzt es aus mir hervor, stolz, die Farben wiedererkannt zu haben. Der Familienvater schaut mich für einen Moment entgeistert an, dann bildet sich ein beinahe fanatisches Lächeln auf seinem Gesicht. »Fußballfan?«, ruft er begeistert. »Beşiktaş Istanbul ist mein Verein«, erklärt er freudestrahlend. »Auch deiner?«

Die Versuchung, für eine kostenlose Übernachtung »ja« zu sagen, ist für einen flüchtigen Moment überwältigend. Aber nicht einmal für Geld verrät ein echter Fußballfan seinen Verein. »FC

Die weißen Terrassen von Pamukkale geben ihre wahre Schönheit erst nach einem frischen Regenguss preis: Die Calcium-Ablagerungen füllen sich mit frischem Wasser und glänzen im Sonnenlicht des frühen Tages.

Bayern«, sage ich und nehme den enttäuschten Gesichtsausdruck meines Gegenübers in Kauf. »Ah, Almanya«, sagt er etwas weniger begeistert, dennoch sehr freundlich. »Aber du kennst Istanbuls Vereine?«

»Nur Beşiktaş und Fenerbahçe Istanbul. Bei Fenerbahçe spielt ein Deutscher, Max Kruse, deshalb kenne ich den.« Der Ausdruck des Hotelbesitzers wird miesepetrig und er stützt sich mürrisch auf dem Schreibtisch auf. »Fenerbahçe ist ein Scheißverein«, sagt er. »Der Deutsche sollte lieber bei uns spielen.« Ich blicke ihn etwas ratlos an. »Aber wenigstens ist es nicht Galatasaray Istanbul. Ich hasse Galatasaray«, fügt er dann an und blickt noch wütender. Allmählich werde ich etwas unsicher.

»Entschuldigung, ich wollte keinen Ärger auslösen, ich dachte nur ...«

»Nein, nein,« rief der Mann und lächelte wieder freundlich. »Kein Ärger. Du bist Gast, ich heiße dich von ganzem Herzen willkommen. Wir Türken sind sehr emotional, wenn es um Fußball geht. Hat nichts mit dir zu tun. Vor allem in Istanbul sind die Clubs verfeindet. Weißt du, dass im Stadion von Beşiktaş der einzige schwarz-weiße McDonalds der Welt steht?«

Ich schüttele überrascht den Kopf – das wäre ein Ort gewesen, den ich hätte besuchen können, denke ich mir.

»Ja«, fährt der Hotelier fort und deutet auf das Trikot hinter ihm. »Die Farben von Beşiktaş sind Schwarz-Weiß, wie du siehst. Galatasaray dagegen hat die Farben Gelb-Rot. Genau wie ...«

»... McDonalds«, beende ich den Satz. »Dann hat man die Filiale für die Fans in Schwarz-Weiß gebaut?«

Der Hotelier nickt. »Aber nicht aus Freundlichkeit. Wir haben irgendwann gegen Galatasaray verloren. Das tut immer sehr weh«, führt er aus und ich nicke verständnisvoll. »Und dann haben ein paar Hitzköpfe das Gelb-Rot des McDonalds im eigenen Stadion gesehen und sich provoziert gefühlt. Darauf haben sie in der Filiale randaliert.«

»Ah« sage ich verständig, »und deswegen ...«

Der Ausflug zur Burg Uçhisar lohnt sich: Im Mittelalter bot der untertunnelte Fels über 1000 Menschen Zuflucht. Auch die Umgebung beeindruckt mich auf meiner Wanderung dorthin. Die Feenkamine lassen die Landschaft fast schon außerirdisch wirken.

»Nein, nein«, unterbricht mich der Hotelier schmunzelnd. »Man hat den McDonalds wieder in Gelb-Rot aufgebaut. Dann haben wir noch mal verloren. Rate, was passiert ist.«

Ich kann ein Lachen nicht unterdrücken. »Sie haben wieder randaliert?«

Der Hotelier grinst etwas schelmisch. »Diesmal haben sie ihn abgebrannt. Vollständig abgebrannt. Dann hat man den McDonalds nicht mehr in Gelb-Rot aufgebaut, sondern in den Farben von

Ein altes Kloster in Kappadokien. Das in Tuffstein geschlagene Gebäude beherbergte die ersten Christen in der Region. Auch ich konnte einem näheren Blick nicht widerstehen.

Beşiktaş.« Er pausiert kurz und als er mein fassungsloses Lächeln sieht, klopft er mir sachte auf die Schulter. »Wir Türken haben heißes Blut, mein Freund. Wenn uns etwas wichtig ist, dann sind wir mit vollem Herzen dabei.«

Am nächsten Morgen packe ich meinen Rucksack für eine kleine Erkundungstour in die Umgebung. Die Felsformationen in und um Göreme sind atemberaubend und wunderschön. Schon als ich mir auf der Busfahrt hierher ein Hotel rausgesucht habe, ist mir aufgefallen, dass viele Hotels den Namen »Cave Hotel« tragen. Ich konnte mir nicht wirklich einen Reim daraus machen und habe vorsichtshalber ein normales Hotel gebucht, das auch deutlich günstiger war. Vor Ort ergibt dieser Name durchaus Sinn: Denn überall in Göreme sind Höhlen. Und zwar nicht etwa leer stehende Höhlen in Felsen, sondern bewohnte Häuser, die in den weichen Fels gegraben worden sind. Diese Art zu wohnen scheint in Kappadokien seit Jahrtausenden üblich zu sein. Warum sollte man das heute nicht auch machen? Und da es wirklich eine besondere Art zu leben ist, kann man sich als Tourist in ein Höhlenhotel einmieten. Etwas, das ich irgendwann nachholen werde.

Ansonsten weiß ich nur ein wesentliches Detail über diese Gegend. Als ich vor meiner Reise mit meiner Familie über die Türkei geredet habe, hat mir mein Onkel begeistert von Kappadokien erzählt. »Unfassbar viele Heißluftballons. Der ganze Himmel voll, das siehst du nirgendwo sonst auf der Welt.«

Wie ich nun außerhalb von Göreme stehe und erwartungsvoll in den Himmel blicke, sehe ich – nichts. Ein graues Wolkengemisch und leichter Nieselregen dominieren bis zum Horizont und als ich einen vorbeigehenden Passanten darauf anspreche, deutet er ohne ein weiteres Wort auf den Himmel. Klar. Heißluftballons fliegen nur bei schönem Wetter.

»Wuff«, höre ich und neben mir läuft ein Streuner. Es ist ein anderer als der in Istanbul, aber um keinen Deut weniger entspannt. Ein gutes Zeichen, denke ich mir, hat mich mein Freund vor der Blauen Moschee doch dazu inspiriert, alles etwas lockerer anzugehen. Der Pfad der einsamen Streuner scheint somit für mich der Richtige zu sein und ich entscheide kurzerhand, den Moment für meinen neu gegründeten Reise-YouTube-Channel festzuhalten.

Kaum habe ich am darauffolgenden Morgen erstmals aus dem Fenster geblickt, sehe ich gleich mehrere Heißluftballons am Himmel

Die Landschaft mit den Feenkaminen in Kappadokien ist atemberaubend und lässt viele Assoziationen in mir aufsteigen.

fliegen. Schon der gestrige Tag hat mir gut gefallen, auch wenn das Wetter nicht mitgespielt hat. Jetzt, mit strahlend blauem Himmel, der klaren Luft und der Landschaft, die wie von einer fremden Welt wirkt, kann ich gut verstehen, weshalb Kappadokien ein beliebtes Reiseziel ist. Der kleine Ausflug nach Uçhisar und dem dortigen Kastell haben gezeigt, dass es eine Menge Geschichte in diesem Landstrich gibt. Die Höhlen von Uçhisar wurden im 16. Jahrhundert angelegt und sowohl als Schutz- und Rückzugsort der Bevölkerung als auch landwirtschaftlich genutzt. Man hat nämlich in sogenannten »Taubenhäusern« Tauben in kleinen Einkerbungen gehalten und ihre Fäkalien als Dünger für den weniger fruchtbaren Boden gesammelt. Auf dem Weg zu den Katakomben, wo ein Führer auf mich wartet, denke ich noch darüber nach, ob es sich bei den unterirdischen Gängen vielleicht um eine antike Kanalisation oder so etwas handelt. Wenn man früher extra Plätze für Taubenkot gebaut hat, was haben die dann sonst für Menschen errichtet?

Die Hotelfamilie hat ihre Gäste heute Abend zum Essen eingeladen. Neben mir sind nur drei weitere Reisende vor Ort, ein älteres niederländisches Pärchen und ein türkischer Gast, der auf Geschäftsreise ist. Neben mir sitzt Ahmad, der Sohn des Hoteliers, und löchert mich mit Fragen.

»Warst du schon in Neuseeland?«

»Ja, ich …«

»Ich habe auch YouTube. Bist du erfolgreich?«

»Naja, ähm …«

»Fährst du einen Mercedes?«

»Eine Frage nach der anderen«, falle ich ihm ins Wort, ehe er nachgeladen hat. »Okay? Ich habe außerdem auch eine Frage.«

Der 21-Jährige nickt verlegen und blickt schuldbewusst drein. »Entschuldige, ich bin manchmal etwas hektisch«, sagt er schließlich und sein Blick erinnert mich sehr an seinen Vater, als er sich für seine Tirade gegen die anderen Fußballvereine entschuldigt hat. Ich winke ab. »Alles gut, du darfst so viele Fragen stellen, wie du willst. Also zu deiner letzten Frage: Nein, ich fahre keinen Mercedes.«

»Dann BMW?«, fragt er sofort.

»Überhaupt kein Auto«, erwidere ich und sehe, wie sich hinter Ahmads Stirn etliche Fragen formen.

»Ahmad«, sage ich schnell, bevor er seine Neugier entladen kann. »Darf ich meine Frage stellen?«

»Aber natürlich«, sagt er atemlos und bittet mich, ihn zu löchern. Ich zögere kurz, ehe ich loslege, da ich nicht einschätzen kann, ob die Frage beleidigend ist. »Ich hatte bisher praktisch nur Kontakt mit Männern. Ich würde auch gerne offen mit einer Frau über die Türkei spreche. Wo und wie gehe ich in der Türkei am besten auf fremde Frauen zu?«, traue ich mich schließlich.

Ahmad schaut mich verdutzt an und blickt vorsichtig zu seiner Mutter. Als er antwortet, beugt er sich zu mir und redet leiser. »So wie bei euch auch«.

»In der Arbeit?«, frage ich irritiert.

»In der Moschee«, sagt er verwundert. Dann beugt er sich noch näher. »Oder auf Tinder.«

Tinder auf Muslimisch

»Hallo Flo«, sagt Esin und winkt mir zur Begrüßung, als ich aus dem Bus aussteige. »Willkommen in der hässlichsten Stadt der Türkei«, lacht sie und präsentiert mir mit einer ausladenden Handbewegung die wenig ansehnlichen Betonfassaden, die sich unmittelbar in unserer Umgebung befinden. Ich habe Ahmads Ratschlag befolgt und mir ein Match auf Tinder gesucht – allerdings explizit nicht auf der Suche nach der schnellen Nummer oder nach einer langfristigen Beziehung. Seit ich in der Türkei bin, habe ich kein einziges Mal mit einer Frau gesprochen. Wenn ich angesprochen wurde, dann von Männern. Die Tourguides waren Männer, die Hoteliers waren Männer und praktisch jeder, der auf der Straße unterwegs war, war ein Mann. Vielleicht habe ich auch einfach nur Pech gehabt, aber mittlerweile fehlt mir ein wenig die weibliche Perspektive auf meiner Reise durch die Türkei.

Mein Tinder-Date und zugleich heutige Stadtführerin durch Ankara hat beschlossen, mit der wichtigsten – und ihrer Meinung nach auch der einzigen – Sehenswürdigkeit der türkischen Hauptstadt zu beginnen. Von der Bushaltestelle aus gehen wir einige Minuten durch die Stadt, bis wir uns schließlich in einem wunderschön angelegten Park befinden. Die Architektur erinnert mich ein wenig an den Königsplatz in München. »Nur geht es hier nicht um einen König«, sagt Esin lächelnd, als ich sie darauf anspreche. »Wir befinden uns am Denkmal und Mausoleum von Kemal Atatürk, unserem Staatsgründer.« In ihre Augen tritt eine Art glühender Eifer als sie anfängt, über Atatürk zu erzählen. Ich habe schnell den Eindruck, dass sie sich unglaublich für Politik begeistert. »Atatürk ist nun mal unser Held«, sagt sie fast schüchtern, als ich sie darauf anspreche.

»Ist doch in Ordnung«, erwidere ich lachend. »Ich finde es nur erstaunlich, dass er für die Türkei immer noch eine so große Bedeutung hat.«

»Naja, du warst auf dem Land in der Türkei unterwegs. Da sind die Menschen noch immer streng gläubig und befolgen die Regeln des Koran. Einige wünschen sich vielleicht sogar die Scharia als Basis der Legislative. Aber Atatürk hat begriffen, wie gefährlich das ist und das eine moderne Türkei so nicht aussehen kann. Sie muss allen Völkern eine Heimat bieten können«, erwidert sie hartnäckig.

Ich denke an die Vielfalt, die ich in Istanbul gesehen habe. »Das kann sie jetzt nicht?«, frage ich skeptisch.

Esin schüttelt den Kopf. »Schau, meine Familie stammt ursprünglich aus dem Iran. Als ich zwölf war, habe ich das jemandem in der Schule erzählt, einfach weil ich das selbst spannend fand. Dann hat derjenige gesagt: Dann bist du ja Schia. Und nie wieder ein Wort mit mir geredet. Obwohl unsere Religion die gleichen Wurzeln hat. So etwas gibt es häufig. Und mir ist das noch nicht einmal wichtig.«

Wir schlendern allmählich weg vom Atatürk-Denkmal und gehen in Richtung Kizilay-Platz. Ich muss viel über das, was Esin sagt, nachdenken. »Wenn die Gesellschaft in der Türkei so konservativ ist«, sage ich grübelnd, »dann bist du vermutlich eher eine Ausnahmeerscheinung, oder?«

»Du meinst, weil ich enganliegende Jeans und kein Kopftuch trage?« Esin lacht laut auf. »Du warst doch in Istanbul, Flo. Wie viele verschleierte Frauen hast du da gesehen?«

»Wenige«, gestehe ich. »Also ist die Türkei nicht konservativ ...«

»Doch, schon. Teile davon sogar sehr. Meine Generation und vor allem diejenigen, die in den Städten leben, sind westlich orientiert. Europa ist für uns ein echtes Vorbild. Aber die ältere Generation eben nicht. Selbst meine Eltern, die wirklich nicht konservativ sind, würden sich niemals in der Öffentlichkeit einen Kuss geben. Sogar vor mir haben sie sich noch nie geküsst. Das gilt als unsittlich.« Sie hält kurz inne, ehe sie weiterredet. »Wir jüngeren sehen uns schon großem Druck ausgesetzt, uns zu verschleiern und nicht so frei zu leben. Das wird von der Regierung auch forciert.«

Ich hänge gedanklich noch an ihrem vorigen Satz fest. »Esin, deine Eltern wissen vermutlich nicht, dass du auf Tinder bist, oder?«, frage ich und sie lacht wieder auf.

»Nein, um Gottes willen. Wenn es nach ihnen ginge, dann wäre ich am besten immer fünf und würde nie etwas Unsittliches tun. Aber weißt du, das ist nicht nur bei meinen Eltern so. In der Schule gibt es nicht mal Sexualkunde. Das ganze Thema, der ganze weibliche Körper wird tabuisiert und nicht besprochen.«

»Man braucht schon eine selbstbewusste Mutter, wenn ein Mädchen mehr über ihren Körper erfahren möchte«, schließt sie dann ab. »Sonst redet da niemand drüber. Aber diese Gesellschaft und diese Regierung, die momentan unsere Gesetze umschreibt, die haben kein Interesse an so etwas.« Sie schüttelt den Kopf, immer noch empört über das, was sie mir gerade erzählt hat. Wir schweigen ein paar Minuten und reden dann über andere, weniger verfängliche Themen, bis wir in ein nettes Café gehen und sie mir ein leckeres zimtiges Getränk namens Salep bestellt. Ich kann die Wut, die in Esin schwelt, gut verstehen. Sie war in den USA und möchte in Brüssel ein Praktikum machen, hat im Ausland studiert und viele Länder gesehen. Es sei eine lebensverändernde Erkenntnis gewesen, sagt sie, dass Freiheit für Frauen bedeutet, Entscheidungsgewalt über den eigenen Körper zu haben. Je mehr sie mir über die Schwierigkeiten, die sie in der Türkei hat, erzählt, desto klarer wird mir, welches Privileg wir in Deutschland haben.

Esin hat mich nach unserem Cafébesuch gefragt, ob wir uns noch mal treffen möchten, wenn ich wieder zurück bin. Meine ehrliche Antwort war: »Ja, sofort, gerne. Wenn ich wieder zurückdarf.«

»Wieso dürfen?«, fragt sie neugierig.

»Verrat es nicht meiner Mutter«, sage ich augenzwinkernd, »aber morgen Mittag geht mein Flieger in den Iran.«

Wenn ich das zu Hause gesagt hätte, das weiß ich mit Sicherheit, dann wäre ich auf geschockte Mienen gestoßen. »Iran, spinnst du?«, hätten sie gesagt. »Die nehmen dich nur fest, da gelten doch alle aus dem Westen als Spione. Pass bloß auf dich auf.«

Esin dagegen fängt breit an zu lächeln. »Oh, wenn ich Zeit hätte, ich würde direkt mit dir mitgehen. Iran muss wunderschön sein. Genieß deine Zeit dort!« Irritiert von dieser Aussage verabschieden wir uns voneinander. Kann es sein, dass Iran nicht so schrecklich ist, wie gerne behauptet wird?

Nachdem ich am nächsten Morgen schon nervös vor allem, was auf mich zukommt, fertig gepackt im Hostel beim Frühstückstisch sitze, fliegt eine E-Mail in mein Postfach. Der Absender ist die iranische

Botschaft. Aufgeregt klicke ich auf den Anhang, in der Hoffnung, zu finden, was ich schon lange beantragt habe und auf das ich seit über einer Woche warte.

»Your Visa has been rejected«, steht da in großen Lettern und ich lasse enttäuscht meinen Kopf auf den kleinen Holztisch im Foyer meines Hostels sinken. Frustriert scrolle ich durch die Storno-Bedingungen meines Fluges. Ich bekomme praktisch nichts zurück, weil der Flieger schon in wenigen Stunden geht. Als ich deprimiert mein Problem an Google gebe, erfahre ich vom »Visa on Arrival« in Iran. Schnell wird mir klar, dass offenbar auch andere dieses Problem schon hatten. Eigentlich, denke ich, kann ich es einfach versuchen. Wenn man mich nicht reinlässt, dann fliege ich eben wieder zurück.

Anıtkabir ist die Bezeichnung des Mausoleums des türkischen Staatsgründers Kemal Atatürk in Ankara.

Iran

Eminem, Joints und das verbotene Silvester in Teheran

»Your Visa. We need your Visa.« Der uniformierte Flughafenbeamte blickt mich an, während ich ihm erneut versuche klarzumachen, dass ich kein Visum habe. »No Visa, no entrance«, sagt der Mann erneut und schüttelt vehement den Kopf. Etwas entnervt von der Diskussion am Schalter zücke ich meinen Geldbeutel und deute auf das Wegschild, das mich überhaupt erst an den Schalter geführt hatte. »On Arrival?«, frage ich erneut und winke mit der Börse. Dem Beamten scheint nun aufzugehen, was ich möchte. Vermutlich haben die hier nicht so häufig Besuch, denke ich. Ich reiche meinen Reisepass, ehe man mich wenig höflich dazu auffordert, Platz zu nehmen.

In dem Wartesaal befindet sich, neben dem Schalter für die Visa, eigentlich nichts, außer einer Reihe mit Klappstühlen. Ich versuche möglichst nichts zu tun und mich nicht auffällig zu verhalten, um niemandem Anlass zu geben, mir das Visum zu verweigern. Es dauert einige Minuten, bis derselbe Beamte mit einem Kollegen mit Klemmbrett unter dem Arm wieder kommt. »Wie viel Geld haben Sie dabei?«, schießt der vom Schalter los, ohne ein vorheriges Wort.

»Ähm, circa 2000 Euro«, erwidere ich verunsichert. Der andere zieht eine Braue hoch.

»Warum so viel?«

»Ich kann hier nichts abheben«, sage ich und die Antwort wird sorgfältig eingetragen.

»Was arbeiten Sie?«

»IT Sales«, antworte ich diesmal, ohne zu zögern.

»Und welche Reiseroute haben Sie?«

Gar keine, will ich sagen, aber ich stoppe mich rechtzeitig selbst. Mein Plan war eigentlich, von Teheran aus zu sehen, wo es

---

Der Azadi Turm ist ein Wahrzeichen des modernen Teheran und ragt 45 Meter in den Himmel. Beeindruckend.

danach hingeht. Aber die Herren vor mir scheinen eine ausgearbeitete Route zu erwarten und ich habe den Verdacht, dass meine Art von Reiseplanung wenig touristisch, sondern eher verdächtig wirkt. Ich deute ihnen an, dass ich einen Moment benötige und rufe den *Lonely Planet* in meinem Smartphone auf. Dort scrolle ich ein wenig, bis mir eine Städtetour in Iran ins Auge springt. »Das da«, sage ich dann und strecke den beiden das Display entgegen. Wieder nicken die beiden, tragen etwas ein, aber einer der beiden, mit Schnauzbart, scheint nicht zufrieden zu sein. »Was machen Sie in Kashan?«, raunzt er und ich brauche einen Moment, bis ich kapiere, das Kashan vermutlich eine der Städte auf »meiner« Tour ist.

»Ähm«, stottere ich schon wieder und scrolle in der *Lonely Planet*-App, bis ich bei Kashan bin. »Das da anschauen«, sage ich dann und strecke wieder das Display hin, ohne auch nur ansatzweise zu wissen, was »das da« eigentlich ist.

Als die beiden nach zahlreichen weiteren Fragen (darunter die nach dem Namen meines Vaters und meines Großvaters) endlich zufrieden sind, denke ich, dass das alles sein müsste und warte wie ein braver Tourist. Als mir nach über einer Stunde allmählich der Stuhl unbequem wird, kommt der Beamte mit Schnauzbart wieder auf mich zu. Für einen Moment glaube ich, dass es ein Problem gibt, aber dann erkenne ich ein Lächeln auf seinem Gesicht – und plötzlich wirkt er sehr freundlich. »Bitteschön«, sagt er und gibt mir meinen Reisepass zurück. »Willkommen in Teheran.«

Gerade in Ländern wie dem Iran sind die Regeln des Weltenbummler-ABCs dringend einzuhalten. Eine der wichtigsten darunter: Erreichbarkeit. Das Land gehört zu den am meisten abgeschotteten Nationen der Welt, weil die Regierung sehr darauf bedacht ist, das Internet zu zensieren. Wie in anderen totalitär regierten Staaten ist ein VPN-Zugang ratsam, um der Familie regelmäßig über den Verbleib Bescheid geben zu können. Zwar sind Instagram und WhatsApp funktionstüchtig, aber viele Webseiten wie beispielsweise YouTube sind nicht zugänglich. Da Iran durchaus auf Touristen und Geschäftsleute eingestellt ist, gibt es am Flughafen SIM-Karten zu kaufen. Damit kann ich die Taxi-App Snapp – das iranische Uber – benutzen, allerdings weiß ich, dass irgendwo ein Zug ins Zentrum fährt. Als ich etwas verloren vor dem kleinen Flughafengebäude stehe, wird ein Taxifahrer auf mich aufmerksam und fragt, wo ich denn hinwill. »Zum Zug«, erwidere ich.

»Ich zeige es dir«, erwidert der Mann und lächelt mich freundlich an. Ohne ein weiteres Wort führt er mich in Richtung Bahnsteig, zeigt mir sogar, wo ich ein Ticket bekomme, und fragt dann: »Willst du wirklich kein Taxi?« Als ich verneine, bedankt er sich (obwohl ich ja nichts gemacht habe) und verabschiedet sich höflich. Wahnsinn, denke ich. Selbst die Taxifahrer hier sind freundlich.

Bis ich das Hostel gefunden habe, vergeht einige Zeit. Schon die Zugfahrt verpasst mir einen kurzen Kulturschock. Das war eher wie auf einem Basar als in einem Transportmittel. An jeder Station sind mehr Menschen eingestiegen, viele davon mit großen Bauchläden – manche mit Kinderspielzeug und Süßigkeiten, andere mit Feuerzeugen, Taschentüchern und sonstigen Alltagsgegenständen, für die die Verkäufer auf Abnehmer in den Zügen hofften. Mehrere der Bauchladenträger haben laut um sich gerufen, offenbar um

Erste Eindrücke von Teheran. Die Straßen sieht man normalerweise nicht – die Stadt ist berühmt für ihren dichten Verkehr.

ihre Waren anzupreisen, aber als niemand reagiert, sind sie immer weiter ins nächste Abteil gewandert.

»Ist das üblich in Teheran?«, frage ich einen der Mitarbeiter im Hostel, der mir gerade meinen Schlafraum zeigt.

»Ja«, nickt er. »Viele haben keine andere Arbeit und Geld ist wenig wert. Da bleibt nichts anderes übrig.«

Sein Name ist Mikal, sagt er mir, und wir kommen ein wenig ins Gespräch. Ich erzähle ihm, was ich eigentlich hier mache, aber bei ihm bleibt vor allem eines hängen. »Deutschland?«, sagt er. »Dann kannst du Skifahren, ja?«

Ich blicke ihn irritiert an. »Äh, ja, klar, bei uns ist das recht üblich.«

Mikal lächelt mich an. »Du musst morgen mit uns mitkommen. Wir fahren morgen früh los, wir nehmen ein paar Leute aus dem Hostel mit.« Er klopft mir auf die Schulter und lässt mich in der kleinen Holzhütte, die mein Schlafsaal ist, verdutzt alleine stehen. Wohin hat der mich gerade eingeladen?

Wenn ich bisher an Iran gedacht habe, dann dachte ich an Wüste, Sonne und Trockenheit. Ich blicke aus dem Autofenster und staune nicht schlecht, als wir einen gemächlich fahrenden Schneeräumer überholen, der eine riesige Ladung weißen Pulvers vor sich herschiebt.

Mikals Einladung zum Skifahren war, anders als ich erst dachte, kein Scherz. »Du musst mitkommen«, hat sein Freund im Gemeinschaftsraum des Hostels zu mir gesagt und auf zwei andere Gäste gedeutet, die ebenfalls dabei sind und die jetzt links und rechts neben mir sitzen. Hiro, ein abenteuerlustiger Japaner aus Tokio, und Matthias, ein schweigsamer Deutscher, der gerade seine Rundreise in Iran beendet hatte. »Ich war nur eine Woche«, brummt er mir entgegen, als ich ihn neugierig nach seinen Eindrücken frage.

»Und was machst du im Iran, Flo?«, fragt mich Mikal und dreht sich neugierig um.

»Ich mache eine Rundreise und möchte filmen«, sage ich und halte mein iPhone hoch.

»Mach das mal auf Flugmodus«, sagt er sofort und deutet auf das Handy und ich gehorche brav. »Du solltest wirklich aufpassen, dass du nicht die falschen Gebäude filmst«, fährt er fort. »Die Regierung nimmt immer wieder Ausländer fest, die angeblich spionieren.«

»Scheiß auf die Regierung«, ruft plötzlich unser Fahrer, der bis dahin noch kein Wort gesagt hat. Ich reiße schockiert meine Augen auf.

»Ja, scheiß auf die«, stimmt ihm Mikal zu und schaut wieder nach vorne. »Hier, ich mach mal richtige Musik an«, sagt er und dreht kurz darauf den Sound auf.

Es ist der Moment, in dem ich begreife, dass in Iran zwei Realitäten vorherrschen. Diejenige, die von der Regierung kommuniziert wird und die das Bild in unseren westlichen Demokratien

Teheran ist umgeben von einem Gebirgszug, der eine angenehme Überraschung bietet: Man kann hier wunderbar Ski fahren.

dominiert. Iran als ultrakonservativer und radikaler Islamischer Staat, der dem Ziel der militärischen und politischen Vorherrschaft im Nahen Osten alles unterordnet. Die zweite Realität dagegen trifft mich mit den wuchtigen Bässen Eminems, die unsere Fahrt in die Berge begleiten. Spätestens als unser Fahrer einen Joint zückt und uns in eine grünliche Wolke würzig duftenden Marihuana-Rauchs hüllt weiß ich, dass auch im Iran nichts so heiß gegessen wird, wie es gekocht wird.

Es dauert etwa eine Stunde, bis wir schließlich in den harten Sesseln der pragmatischen Skilifte sitzen. Die kargen Berge Teherans sind völlig anders als die Alpen – mit bloßem Auge kann ich keine Tannen oder Büsche erkennen, wie sie bei uns wachsen, auch die Gipfel wirken für mein Auge ungewöhnlich. Keine Felsspitzen oder hohe Zinnen, die in die Höhe ragen, sondern nahezu perfekte mit Schnee und Eis bezogene Rundungen dominieren die Landschaft. Überrascht möchte ich Mikal fragen, ob es denn keine Gipfelkreuze im Iran gibt, aber zum Glück kann ich mir diese Peinlichkeit ersparen. Was mir nicht erspart bleibt, ist die Skiklamotte, die ich mir ausleihen durfte. »Du siehst super aus Flo«, sagt Mikal grinsend und zeigt mir das Bild, das er von mir gemacht hat. Aus dem Smartphone lacht mir eine 80er-Jahre Version von mir entgegen – mit einer abgetragenen und viel zu großen Skihose. Die Skischuhe und Ski dagegen sind die neuesten Atomic-Modelle, wie sie bei uns ebenfalls gerade erst auf den Markt gekommen sind. Sobald ich den ersten Schwung nehme, fühle ich mich wie zu Hause im Winterurlaub – die trockene, eiskalte Luft strömt an mir vorbei und jede Abfahrt macht wieder Spaß. Links von mir fährt Mikal und um uns herum ziehen einige seiner Freunde ihre Kurven auf dem Snowboard. Gemeinsam genießen wir den perfekten Schnee, bis wir schließlich in eine Skihütte einkehren und Burger essen. Der einzige Hinweis, dass wir uns im Iran und nicht in den Alpen aufhalten, ist ein großes Schild über dem Eingang: »Please obey Islamic Affairs«. Halten Sie sich an die islamischen Gesetze.

Als wir am Abend wieder ins Hostel zurückkehren, bin ich geplättet von dem Skitag und den vielen Eindrücken, die auf mich eingeprasselt sind. Es ist unglaublich, wie widersprüchlich dieses Land ist, denke ich mir. Meine Vorurteile habe ich bereits über Bord geworfen. Wenn mir das schon am ersten Tag passiert, dann darf ich wohl gespannt sein, was da auf mich zukommt. Bevor ich hier angekommen bin, war ich mir nicht sicher, ob Iran überhaupt eine Art von Feierkultur oder dergleichen hat. Die Stimmung bei den Leuten, die ich dort getroffen habe, hat mich eines Besseren belehrt.

Mein Magen knurrt und das Smartphone zeigt fast 18 Uhr. Der Blick fällt auf das heutige Datum: Es ist der 31. Dezember. Ob die Menschen hier wohl Silvester feiern?

Ein paar Stunden später hat sich die Frage von selbst beantwortet. Während ich in den Bergen durch den Schnee gepflügt bin, haben einige der Gäste und Mitarbeiter das ganze Hostel geschmückt und Lampions aufgehängt. Über dem Buffettisch im Innenhof, durch den man zu den Schlafräumen gelangt, prangt ein silbriger Happy-New-Year-Schriftzug. Aus einer bunt leuchtenden Box wummern tiefe Bässe und es herrscht eine ausgelassene Stimmung in dem Gästehaus. Ich merke schnell, dass ich nicht der einzige Mensch auf der Welt bin, der die Idee hatte, in den Iran zu fliegen. Neben dem Japaner und dem Deutschen, mit denen ich heute Skifahren war, treffe ich Russen, Holländer, einen Schweizer, Koreaner, viele Chinesen und – wer hätte es gedacht – noch mehr Deutsche.

»Von euch trifft man immer welche, egal wo man ist«, lache ich meinen Landsleuten entgegen, die in stramm deutscher Manier am Rand einer ausgelassenen Tanzfläche stehen und verkrampft ihren Fuß wippen. »Ihr müsst tanzen«, ruft uns eine Iranerin entgegen, die sich munter zu der iranischen Popmusik bewegt und rhythmisch mit den Fingern schnippt. Matthias, mit dem ich schon den Skitag verbracht hatte, deutet auf die Teetassen, die wir alle in der Hand halten. »Geht nur mit Alkohol«, meint er und lächelt etwas unsicher.

Das ist typisch deutsch, denke ich mir. Ein Blick auf die bunt gemischte Tanzfläche gibt mir recht. Niemand trinkt hier Alkohol, weil das in Iran verboten ist. Stattdessen gibt es Tee. Andererseits weiß ich, dass Tanzen in der Öffentlichkeit zumindest für Frauen ebenfalls nicht erlaubt ist. Das scheint hier aber niemanden zu stören – genauso wie das Gebot, ein Kopftuch zu tragen. Wo ich hinblicke, sehe ich nur offene Haare.

Nachdem uns die Iranerin zum Tanzen aufgefordert hatte, bearbeite ich meine Landsleute, auch ohne Rauschmittel das Tanzbein zu schwingen. Denn wenn die Iraner das ohne Alkohol und trotz Tanzverbot hinbekommen, dann werden wir das als Touristen doch auch schaffen. Auch wenn wir es daheim anders machen. »Naja, aber nur, damit du still bist«, sagt Matthias schließlich leicht genervt von meinen Andeutungen. Fast schon stolz blicke ich kurz darauf zu

I
TE

Eine verhüllte Frau vor dem I love Tehran-Schriftzug. Moderne und Tradition treffen im Alltag Teherans häufig aufeinander. Nicht immer ohne Konflikt.

den vier anderen Deutschen, die jetzt nicht mehr neben der Tanzfläche unsicher mit den Füßen wippen – sondern darauf.

Der Abend gipfelt schließlich mit dem Countdown zu Mitternacht und Mikal zündet in der Mitte des Innenhofs eine kleine Feuerwerksbatterie an, die ein paar Fontänen in die Höhe schießt. Schon drei Minuten nach 24 Uhr ist es wieder komplett still. Aus den Augenwinkeln erkenne ich, wie sich die anderen Deutschen darüber amüsieren, dass das Feuerwerk so klein war. Immerhin sind wir von daheim anderes gewöhnt. Aber ich sehe auch, wie Mikal nervös auf die Uhr blickt und einer der anderen Mitarbeiter bereits anfängt, die Soundanlage abzubauen und die Partyreste aufzuräumen.

»Ist die Party vorbei?«, frage ich ihn naiv, als er an mir vorbeiläuft. Er nickt verlegen. »Streng genommen dürften wir nicht feiern«, raunt er mir zu. »Aber wir wollen unseren Gästen etwas bieten.« Ich versichere ihm, dass ich großen Spaß hatte, kann mir aber eine Frage nicht verkneifen. »Was wäre denn passiert, wenn die Polizei vorbeigekommen wäre?«

Mein Gastgeber zuckt mit den Schultern. »Im schlimmsten Fall wären wir ins Gefängnis gewandert. Aber notfalls habe ich eine zweite Kasse unter dem Tresen«, fügt er beruhigend an, als er meinen Gesichtsausdruck sieht. »Damit begnügen sich die Beamten dann meistens.« Mikal klopft mir noch auf die Schulter und drückt sich leicht an mich, ehe er sich wieder ans Aufräumen macht. »Frohes neues Jahr, Flo.«

Es dauert bis zum nächsten Morgen, ehe ich die rätselhafte Andeutung Mikals verstehe. Er wollte die Beamten bestechen.

Tarof, Falafel und die USA

Teheran ist wie ein einziger großer Basar. Wir laufen seit knapp einer Stunde durch die Altstadt und seitdem reiht sich ein Laden an den anderen. Unsere Tourguide Ava hat uns dabei auf eine Besonderheit aufmerksam gemacht. »Die Inhaber haben ihre Verkaufsräume immer bei der Konkurrenz«, erläutert sie. Die Folge aus dieser inoffiziellen Regel wirkt in meinen Augen ziemlich witzig. Zum Beispiel sind alle Lederhändler in einer Ecke. Autohändler wieder in einer anderen. Und die untergliedern sich dann noch mal: Auf der einen Seite werden nur die Felgen verkauft, auf der anderen Zubehör. »Das sind aber schon unterschiedliche Besitzer?«, frage ich Ava, die nickend bestätigt. Obwohl mir Sprache und Flair völlig fremd sind, vermittelt mir die Umgebung ein ganz sicheres Gefühl. Wir laufen ungestört durch die Menge aus Geschäftsleuten, Familien mit Kindern, Hausfrauen, die ihre Wochen- und Monatseinkäufe machen, und Verkäufern, die auf hölzernen Karren Nachschub in ihre Läden bringen. Kein einziges Mal drängt sich mir jemand auf oder versucht, mir nutzlose Gegenstände anzudrehen. Wir werden immer freundlich begrüßt und ohne besondere Erwartungen dürfen wir uns die Produkte in der Auslage ansehen.

Die Free Walking Tour beenden wir direkt am Golestanpalast. Ava gibt uns noch einige Tipps, was wir unbedingt besuchen sollten. »Die amerikanische Botschaft kann man doch auch besuchen, oder?«, frage ich sie schließlich. Ava nickt vorsichtig. »Das Spionagemuseum, ja, da können Touristen hin.« Sie zögert, ehe sie weiterredet. »Du bist doch aus Deutschland, oder?«, fragt sie mich dann und zu meiner Überraschung spricht sie etwas gedämpft in perfektem Deutsch weiter. »Also, wenn du da bist, dann solltest du im Kopf behalten, dass nicht jeder Iraner gut über den Westen denkt. Oder über die USA. Aber das ist dir wahrscheinlich schon klar.«

Sie lächelt mich an, aber mein Gesichtsausdruck spricht Bände über meine Verwirrung. »Du … ähm … sprichst Deutsch?«.

»Ich habe fast zehn Jahre in Berlin gelebt«, erklärt sie mir, noch immer über meine Miene lachend. »Dort habe ich an der Freien Universität studiert.« Ava erklärt mir, wie ich am besten zum Museum komme und gibt mir noch einen Essenstipp mit. »Der älteste Falafelstand Teherans ist auf dem Weg, nirgends isst man besser. Ach, bist du noch länger in Iran?«

Ich nicke. »Auf jeden Fall würde ich gerne noch in den Süden. Heute Abend geht es weiter nach Isfahan. Ich sehe mal, was ich dann mache.«

»Wenn du möchtest, können wir uns in Shiraz treffen. Ich bin kommende Woche dort. Schreib mir doch, wenn du weißt, wann du auch da bist.«

Wir tauschen Nummern aus und ich verspreche ihr, mich zu melden. Als ich gerade in den Palast gehen möchte, hält sie mich noch mal zurück. »Flo, bevor du dich auf Rundreise begibst, solltest du noch was wissen. Hast du schon mal was von Tarof gehört?«

Ich blicke sie ratlos an. »Nein, habe ich nicht. Ist das eine Krankheit?«

Die junge Frau lacht laut auf, sodass ihr Kopftuch etwas nach hinten rutscht. »Nein, das ist eine Tradition. Also, Tarof ist eine Art kulturelles Verhalten. Vielleicht hast du schon bemerkt, dass wir Iraner sehr freundlich sind. Das liegt auch an Tarof. Wenn du reist, dann wird dir das sicher oft begegnen, deswegen solltest du das kennen. Wir Iraner bieten Gästen und Freunden immer einen Tee an, oder etwas zu essen. Oder wir wollen für unseren Gast bezahlen. Aber manchmal wollen wir das gar nicht, verstehst du?«

»Nicht wirklich. Also ihr bietet an, für eure Gäste zu zahlen, obwohl ihr das nicht wollt?«

Wieder muss Ava lachen, weil ich offenbar schwer von Begriff bin. »Nein, wir bieten es dir aus Freundlichkeit an. Und häufig möchten wir das auch wirklich. Aber manchmal, selten, da wollen wir das eben auch nicht. Vielleicht weil wir keine Zeit haben oder kein Geld. Deshalb gibt es Tarof. Man bietet es zweimal an und das Gegenüber lehnt zweimal ab. Ebenfalls aus Freundlichkeit. Wenn ich dir noch ein drittes Mal anbiete zu zahlen, dann weißt du, dass ich es ernst meine. Wer nur freundlich sein möchte, aber dich nicht einladen kann oder will, bietet es eben nur zweimal an.«

»Das klingt ein wenig wie ein Spiel oder ein Tanz«, erwidere ich nachdenklich. »Also grundsätzlich lehne ich ab, oder?«, hake ich noch mal nach und Ava nickt. »Und was ist, wenn ich dreimal ablehne?«

»Das wird ebenfalls als unhöflich empfunden«, erklärt sie mir. »Aber das kommt dann auch auf die Situation an«, fügt sie besänftigend an, als sie meinen verkrampften Gesichtsausdruck sieht. »Du wirst das schon machen, Flo«, sagt sie augenzwinkernd, ehe sie sich auf den Weg macht.

Die Sache mit Tarof scheint mir kompliziert zu sein. Nachdem ich den Regierungspalast besichtigt habe, beherzige ich Avas Vorschlag und gönne mir ein Falafel-Sandwich an Teherans ältestem Falafel-Stand. Es ist eine riesige Schlange vor mir und ich stelle mich ganz hinten an. Der junge Mann vor mir dreht sich zu mir um. »Du bist nicht von hier, oder?«, fragt er. »Woher kommst du?«

»Europa,« erwidere ich, »Deutschland, um genau zu sein.« Der junge Mann lächelt mich freundlich an. »Herzlich willkommen in Iran. Darf ich das Essen für dich bezahlen?«

Er sieht mich mit seinen freundlichen Augen ehrlich an und ich glaube wirklich, dass er das möchte. Tarof, schießt es mir in den Kopf, und ich weiß, was ich zu tun habe. »Danke, das ist sehr freundlich«, sage ich und lehne höflich ab. Der junge Mann fragt noch ein zweites Mal, ich lehne erneut ab und daraufhin kommen

wir ein wenig ins Gespräch. Er addet mich direkt auf Instagram, aber eine weitere Essenseinladung spricht er nicht aus. Als er an die Reihe kommt, um zu bestellen, dreht er sich noch mal zu mir um. »Flo, du musst vor mich gehen. Bitte, du bist zuerst dran. Wirklich, geh nach vorne.« Aha, denke ich. So geht das also mit Tarof.

Meine nächste Station für heute liegt im nördlichen Teil der Stadt und sie ist die im Westen wohl bekannteste Sehenswürdigkeit Irans. Das einstige US-Konsulat war im Jahr 1979 Schauplatz der Hostage Crisis, bei der über 50 US-Bürger und Diplomaten von revolutionären Studenten in Geiselhaft genommen worden waren. Und zwar über ein Jahr lang. Möchte man das immer noch zerrüttete Verhältnis zwischen USA und Iran verstehen, dann ist dieses Gebäude eine Art neuralgischer Punkt.

Schon direkt vor dem heutigen Spionage-Museum finden sich ikonische Graffiti. US-Flaggen mit Totenköpfen statt Sternen, die Freiheitsstatue mit verzerrtem Gesicht oder ebenfalls mit einem Totenkopf dargestellt. Das vermittelte Weltbild ist eindeutig: Die

Die ehemalige US-Botschaft ist heute das Spionagemuseum: Das Graffiti zeigt eine Perversion der Freiheitsstatue und bietet einen Einblick in die Abgründe staatlicher Propaganda in Iran.

USA sind die Bösen, die die Welt mit Tod und Vernichtung überziehen. Im Inneren geht es nicht anders weiter: »Death to America« steht in großen Lettern an einer Wand, gegenüber als Graffito »Death to Trump«. Ich finde es bezeichnend, dass dieses Museum offenbar weniger dazu dient, die Vergangenheit darzustellen. Es erinnert eher an die Dokumentation des gegenwärtigen Zustands globaler Politik aus iranischer Perspektive. Und da nehmen die USA einen immensen Raum ein.

Ava hatte mir empfohlen, ein Taxi nach Isfahan zu nehmen, weil die Busse am Wochenende häufig nicht fahren. Bei dem Wechselkurs ist das keine Preisfrage, denke ich mir, und beherzige ihren Ratschlag. Der Taxifahrer ist ein freundlicher Mann mittleren Alters. Er stellt sich als Bahram vor. Ehe wir losfahren, hält er inne und streicht unsicher mit einer Hand über sein Kinn. Die grau-schwarzen Stoppeln geben ein kratzendes Geräusch von sich und sein angestrengter Gesichtsausdruck sagt mir, dass er über etwas nachdenkt.

»Flo«, sagt er schließlich und beugt sich ein wenig zu mir. »Wäre es für dich in Ordnung, wenn meine Frau mitfährt? Die Strecke ist so weit.« Ich stutze kurz, ehe ich antworte.

»Na klar, sie soll mitfahren«, rufe ich aus und Bahram zeigt mir ein dankbares Lächeln.

Die Fahrt nach Isfahan stellt sich als sechsstündiger Roadtrip heraus. Ich muss aber gestehen, dass ich so eine Taxifahrt noch nicht erlebt habe.

»Tee?«, fragt mich Bahrams Frau Mara, die auf der Rückbank eine kleine Teestube aufgebaut hat. Dankend nehme ich die brühend heiße Flüssigkeit in der kleinen, fein verzierten Porzellantasse nach vorne auf den Beifahrersitz und versuche, nichts zu verschütten. Bahram fährt derweil seelenruhig mit seiner eigenen Tasse in der rechten Hand, die er gelegentlich seiner Frau zum Halten hinter gibt. »Dort, siehst du, dort ist wieder eines«, sagt er und deutet auf eines der Schilder am Straßenrand. Darauf ist unter anderem ein durchgestrichener Fotoapparat zu sehen. Nur kurz darauf sehen wir auf der rechten Seite aufgeschüttete Erdhaufen, auf denen gigantische Geschütze installiert sind. »Militärstützpunkt mit Flugabwehr«,

Ein traditioneller Hamam im Iran. Die wunderschönen Fliesen sind typisch für die alten persischen Badehäuser.

erklärt mir Bahram und deutet in den Himmel. »Gegen Israel und Amerika.«

»Keks?«, fragt Mara auf der Hinterbank, die nun eine Dose selbst gebackener Kekse öffnet, deren köstlicher Duft meinen Hunger weckt. Sie gibt mir eine untertassengroße Teigschnecke nach vorne, die ich dankend entgegennehme. »Jetzt lieber keine Bilder machen, Flo«, sagt Bahram wieder, während ich ihm genüsslich schmatzend mit meiner freien Hand einen Keks weiterreiche.

»Möchtest du noch Tee, Flo?«

Ich glaube, es könnte mir nicht besser gehen.

»Gibt es eigentlich Rastplätze?«, frage ich schließlich nach der dritten Tasse des würzigen Getränks. »Ich glaube, ich müsste mal …«

Kriegsangst in Isfahan

Mein heutiger Tagesplan ist Sightseeing in Isfahan. Der dortige Basar ist angeblich einer der größten Basare des Irans, das hatte man mir aber auch über den Basar in Teheran erzählt. Erst als ich dort bin, stelle ich fest, dass es heute nicht viel zu sehen gibt, außer die unterschiedlichen Architekturstile der Gebäude. Es ist Freitag (Wochenende ist Donnerstag und Freitag) und einige Geschäfte haben geschlossen wegen des Freitagsgebets. Ich verbringe den Tag damit, indem ich durch die Stadt schlendere und entspannt im Hostel esse. Für den Nachmittag habe ich mir ein kleines Wanderprogramm vorgenommen. Mount Soffeh ist ein berühmter Berg im Süden der Stadt und soll einen phänomenalen Ausblick bieten. Ich buche mir ein Taxi, wobei mir der Taxifahrer viel über einen iranischen General erzählt, der wohl von den USA getötet wurde. »Ein Volksheld«, sagt er und schüttelt traurig den Kopf. Ich kann wenig dazu sagen, weil ich die letzten Tage kaum Nachrichten gesehen habe. Und dass die USA immer wieder militärische Einsätze im Nahen Osten haben, ist nichts Neues.

Der beeindruckende Felsbrocken am Stadtrand ragt einige hundert Meter in die Höhe und verspricht ein paar Stunden Beschäftigung. Gemeinsam mit einigen Einheimischen, die sich ebenfalls zu einer Wanderung aufgemacht haben, lasse ich die Menschentraube an der Seilbahn stehen und nehme den Fußweg nach oben. Als ich nach gut einer Stunde an der Bergstation ankomme, bemerke ich, dass es bis nach ganz oben keinen ausgeschilderten Weg mehr gibt.

»Einfach hochklettern«, meint einer meiner Weggefährten und deutet auf die zerklüfteten Felshänge.

Bis ich ganz oben ankomme, vergeht einige Zeit, aber die Mühe wird belohnt. Vor mir entfaltet sich Isfahan im winterlichen Nachmittagslicht. Die Stadt schmiegt sich an einen Flusslauf, der von zahlreichen Brücken gequert wird. Ich sehe außergewöhnlich viele Parks und Grünanlagen, manch einer von der Größe eines Stadtteils.

Nach dem einstündigen Aufstieg auf den Mount Soffeh belohnt mich der fantastische Ausblick über die Weiten der Stadt Isfahan.

»Die grüne Stadt«, sagt ein Mann, der gerade eine Picknickdecke zusammenfaltet und in einen Korb legt. Offenbar kommen viele Leute hier hoch, um Tee zu trinken und Zeit zu verbringen. Ich genieße den Ausblick und trinke ebenfalls einen Schluck kalten Tee, allerdings bleibt mir nicht viel Zeit. Die winterliche Sonne kündet bereits ihren baldigen Abgesang an und ich würde nur ungern einen unbefestigten Fels- und Steinweg im Dunkeln absteigen.

Als ich im Hostel ankomme, ist es bereits dunkel. Nachdem Isfahan aus irgendeinem Grund wie leergefegt scheint, entscheide ich, den Abend in meinem Zimmer zu verbringen, als ich plötzlich eine Nachricht aus Deutschland bekomme.

Die Tehran Times macht Stimmung im Namen der Regierung.
Muss ich um meine Sicherheit bangen?

»Flo, bist du noch im Iran? Wir machen uns Sorgen. Ist alles in Ordnung bei dir? In den Nachrichten sagen sie, dass Iran in den Krieg ziehen wird. Bist du in Sicherheit? Bitte melde dich. Paps.«

Die Sache mit dem iranischen General hatte ich ein wenig falsch eingeschätzt. Mein Dad hat mir per E-Mail den Link zu einem *Spiegel*-Artikel geschickt, aber auch ohne Infos aus Deutschland hätte ich bald umrissen, dass da etwas Seltsames in Iran vor sich geht. Als ich mich am nächsten Morgen an den Frühstückstisch setze, springt mir sofort die englische Tageszeitung *Teheran Times* ins Auge. »Go home or sent in coffins«, steht da in großen Lettern geschrieben, wir werden sie in Särgen zurückschicken. Gemeint sind offenbar Amerikaner. Dahinter ist ein Mann abgebildet, dessen Bild wie eine Dauerschleife von der iranischen Nachrichtensendung abgespielt wird, die auf dem kleinen Fernseher im Foyer läuft. General Soleimani. Der Mann wirkt freundlich und schien eine große Beliebtheit zu genießen, zumindest suggeriert mir das die extreme Reaktion der iranischen Medien. Die USA hatten ihn mit einen gezielten Drohnenangriff in Afghanistan umgebracht. Ich habe noch nie etwas von ihm gehört, aber das schien für US-Präsident Donald Trump keine Rolle zu spielen: Er hat trotzdem die Tötung des drittmächtigsten Mannes im Iran befohlen. Ali Chamenei spricht von baldigen Vergeltungsschlägen und ich, Flo Müller, fürchte, dass meine Reise schon vorbei ist.

»Macht ihr euch Sorgen?«, frage ich den Hostelbesitzer nach dem Frühstück, der gemeinsam mit seinen Mitarbeitern ziemlich bedrückt an der Rezeption steht. »Naja, für uns ist die Situation schlecht«, seufzt er. »Die Sanktionen drücken uns ohnehin schon runter. Und wenn jetzt auch noch Krieg kommt …«. Er schüttelt deprimiert den Kopf. »In den Nachrichten sprechen sie schon vom Dritten Weltkrieg«, fügt er an und deutet auf die Persisch sprechenden Nachrichtensprecher, in deren Hintergrund Bilder von Massendemonstrationen, Soldaten und Panzern zu sehen sind. »Es wird nur noch schlimmer. Iran wird zurückschlagen, um die Ehre wiederherzustellen. Aber wir können uns das Leben kaum mehr leisten.«

»Meinst du, ich sollte lieber abreisen?«, frage ich vorsichtig. Der Hostelbesitzer blickt mir ehrlich in die Augen und schüttelt den Kopf. »Du bist ja kein Amerikaner«, sagt er daraufhin. »Ich denke nicht, dass die Regierung gegen Ausländer vorgeht. Im Moment wissen die ja noch gar nicht, was passieren wird.«

Ava: »Hallo Flo, bist du schon in Isfahan? Du hast sicher gehört, was passiert ist?«

Flo: »Ja. Müssen wir uns Sorgen machen?«

Ava: »Du solltest vielleicht nicht so viel filmen. Reportern wird empfohlen, nichts zu berichten. Es ist besser, wenn du die Kamera in der Tasche lässt. Die Regierung ist sehr darauf erpicht, dass nur offizielle Informationen nach draußen kommen. Also aufpassen.«

Flo: »Ist Reisen nach wie vor sicher? Was meinst du?«

Ava: »Ich denke schon, das sollte keine Probleme geben. Wann bist du in Shiraz?«

Flo: »In zwei Tagen. Treffen wir uns dort?«

Ava: »Gerne, das passt. Ich geb dir Bescheid.«

In der iranischen Bevölkerung scheint sich von einem Tag auf den anderen eine gedrückte Stimmung ausgebreitet zu haben, die sich wie eine schwere Decke über das ganze Land gelegt hat. Als ich durch Isfahan spaziere, bemerke ich, dass einiges anders ist, als in Teheran. Ich denke nicht, dass es an den Menschen liegt. Es ist eher so, als würden die Leute vorsichtshalber zu Hause bleiben, weil niemand weiß, was passieren wird.

Am Basar bewundere ich den Verkaufsstand eines alten Mannes, der bunte Stoffe von Hand herstellt. Der Webstuhl, auf dem er fertigt, muss mindestens so alt sein wie der Mann selbst, denke ich. Er lächelt mich freundlich an und offenbart einige klaffende

Zahnlücken, die ihn allerdings noch sympathischer wirken lassen. »Für dich«, sagt er in hörbar gebrochenem Englisch und gibt mir ein kleines Stofftuch in die Hand, das er selbst gewebt hat. Ich versuche mich erneut in Tarof, aber ich bemerke schnell, dass er an diesem Spiel nicht interessiert ist. Er möchte einfach nur freundlich sein.

Es ist leicht, mit den Locals ins Gespräch zu kommen, weil die Menschen von ihrer Mentalität her so offen gegenüber Fremden sind. Sie beantworten gerne Fragen und vermitteln manchmal ohne Worte, dass sie wenig oder gar nichts von den Aktionen ihrer Regierung halten. Es ist aber auch nicht einfach, sich der Propaganda der Regierung zu entziehen. Als ich auf den Naqsch-e Dschahan Platz komme, den (angeblich) größten Platz des Irans, darf ich das am eigenen Leib spüren.

»Free Friendly Talks« steht auf einem großen Schild, vor dem ein Mann auf einer türkisenen Bank sitzt, am Vorplatz der Sheikh

Entgegen der Erwartungen sind Iraner wahnsinnig freundliche Menschen. Überall, wo ich hingehe, werde ich mit offenen Armen empfangen.

About any favorite subjects such as Iran and Iranian culture, (controversial) religious topics, tourist issues and more
Experiencing a very intimate gathering, without any prejudice and based on mutual respect
Exchanging views and ideas impartially, rationally and open-mindedly which are supposed to make sense by logic and documentaries
Free Friendly Talks

Lotfollah Moschee. Kreisförmig um ihn herum sind weitere Bänke platziert, auf denen Leute sitzen, die nicht nach Iranern aussehen. Der Mann trägt einen Turban und ein traditionelles Gewand, das ihn als Imam ausweist.

»Warum machen wir das? Du fragst, warum wir uns verteidigen wollen«, entgegnet der Imam der Frage eines Zuhörers. »Verteidigst du dich nicht, wenn du angegriffen wirst?« Er blickt in die Runde und wiederholt die Frage an alle. »Ist es schlimm, sich zu verteidigen, wenn dir jemand Schmerzen zufügt?« Jeder Einzelne – ich auch – muss ihm zustimmen, weil sich natürlich jeder bei einem Angriff verteidigen würde. »Nein, es ist richtig, sich zu verteidigen«, fährt der Imam fort. »Sonst macht es niemand für uns. Im Krieg gegen den Irak haben wir geblutet und gelitten und kein Land hat dem Iran geholfen. Nie wieder wollen wir das haben. Nie wieder wollen wir einen Krieg im eigenen Land führen. Deshalb verteidigen wir uns auch über die Grenzen hinaus.«

Es ist spannend, die Perspektive von der Regierung in deren Land präsentiert zu bekommen. Ich habe den Eindruck, dass sich der Friendly Talk gezielt an Touristen richtet. Offenbar ist man stark daran interessiert, die eigenen Botschaften über Besucher ins Ausland zu senden. Überhaupt scheint die Propaganda der Regierung in weiten Teilen auf Englisch zu sein. Als ich etwas später an einem großen Kreisverkehr vorbeikomme, sehe ich, wie ein mindestens zwanzig Meter breites Plakat an einer Häuserfassade aufgehängt wird. Zahlreiche Abbildungen des Generals sind darauf in unterschiedlichen Perspektiven zu sehen. Unter der persischen Botschaft lässt sich »Victory is close« darauf lesen. Die Reaktion der Regierung auf den Tod von Soleimani ist in allen Bereichen anzutreffen. Am Nachmittag wird eine dreitägige Staatstrauer ausgerufen und keine Stunde später hängen an jeder Ecke schwarze Banner oder Plakate von Soleimani. Jede Moschee, jedes öffentliche Gebäude, alles scheint gepflastert mit Abbildungen des Generals. Mein eigentlich geplantes Sightseeing-Programm habe ich mittlerweile verworfen, was die angesetzten Trauertage gewissermaßen erzwungen haben. Stattdessen versuche ich, mit den Leuten zu reden. Die

---

Die Free Friendly Talks sind ein subtiles Instrument staatlicher Propaganda. Das Gespräch mit dem Imam ist trotzdem offen und sehr freundlich.

Erzählungen des Imams waren zwar eindrucksvoll, aber irgendwie beschleicht mich der Eindruck, dass die Bevölkerung eine andere Geschichte zu erzählen hat.

Gegen Abend sehe ich vor einer Moschee eine größere Zusammenkunft von Menschen. Es duftet nach frischem Essen und ich sehe, dass dort eine Art Suppenküche ist. Das Gotteshaus ist ebenfalls mit einem großen Soleimani-Plakat verkleidet und irgendwie fühlt es sich seltsam an, mich als Ausländer dorthin zu begeben. Ich kann nicht einschätzen, wie mir die Menschen entgegenkommen werden. Den ganzen Nachmittag hatte ich das Gefühl, dass niemand an Gesprächen interessiert ist. Von meinem Aussehen her könnte ich auch Amerikaner sein. Assoziieren mich die Menschen etwa mit »dem Feind«, der in Särgen zurückgeschickt werden soll? Sind Ausländer überhaupt noch erwünscht?

Kaum eine Minute später beantwortet die Frage sich selbst. Anstatt einer wilden Verfolgungsjagd mit Mistgabeln und Fackeln werde ich mit Tee, Eintopf und freundlichen Gesichtern begrüßt.

Victory is close. Innerhalb von einem Tag wurden riesige Plakate in Isfahan aufgehängt.

»Ach das«, sagt einer der Männer, mit denen ich mich ein wenig unterhalte. »Diese Plakate hängen die überall auf. Wir sehen das gar nicht mehr.«

»Aber ihr steht hinter dem, was die Regierung tut, oder?«, frage ich vorsichtig. Der Mann blickt sich um, ehe er weiterspricht.

»Soleimani war vielleicht nicht so beliebt, wie manche sagen«, erklärt er mir leise. »Vor ein paar Monaten gab es eine Demonstration, er hat auf die eigenen Leute schießen lassen.« Der kalte Wind lässt das Plakat im Hintergrund rascheln, auf dem Soleimanis Porträt mit zahlreichen Friedenstauben links und rechts abgebildet ist. »Aber trotzdem«, fährt der Mann fort, »ist das unsere Sache. Die Amerikaner sollen sich raushalten aus unseren Angelegenheiten. Das ist meine Meinung.« Links und rechts von ihm wurde seine Aussage gehört und einige der Leute stimmen ihm nickend zu.

Während ich im Bus nach Shiraz sitze, schreibe ich eine überfällige E-Mail nach Hause.

Hallo Mama & Papa,
macht euch keine Sorgen. Ich kenne zwar die Nachrichten, aber ich habe auch viel mit den Locals geredet. Ich denke, ich kann die Situation gut einschätzen. Hier sind alle etwas nervös. Aber ich habe den Eindruck, dass ich sicher reisen kann. Deshalb werde ich nicht zurückkommen. Als Nächstes fahre ich nach Shiraz, dann wahrscheinlich noch weiter in den Süden, bis zum Persischen Golf. Falls ich mich in den nächsten Tagen nicht melde, macht euch keine Sorgen. Iran kappt vielleicht das Internet.

Euer Flo

Ein Treffen von fremden Freunden in Shiraz

»Flo, hier drüben«, höre ich eine bekannte Stimme. Und tatsächlich, obwohl ich nicht gedacht hätte, dass sie wirklich da ist, sehe ich meine Tourguide aus Teheran in Shiraz in einem Straßencafé sitzen. Ava sitzt vor einer Tasse Tee und snackt ein paar Datteln dazu, während sie mich zu sich winkt. Ihr Haar trägt sie wie viele Iranerinnen beinahe offen. Das für Frauen verpflichtende Kopftuch wirkt eher wie ein modisches Accessoire, denn als Zeichen von Religiosität. Ihre Sonnenbrille hat sie nach oben geschoben und in ihrem offenen und hübschen Gesicht zeichnet sich ein freundliches Lächeln ab. »Wow, schön dass es klappt«, sage ich und setze mich zu ihr. »War dein Termin erfolgreich?«

Ava nickt und erzählt mir ein bisschen von ihrer Arbeit. Sie ist Tourguide in mehreren Städten und reist daher häufig im Landesinneren umher. »Momentan bin ich auf Suche nach neuen Touren und in Shiraz habe ich noch niemanden.« Für ihr Unternehmen stellt sie häufig andere Guides ein, die Touren in ihrem Namen machen. »Wie hat dir Isfahan gefallen?«, fragt sie mich neugierig. Ich gestehe ihr, dass mein Aufenthalt ein wenig überschattet war. Sie nickt verständnisvoll. »Ja, wir machen uns alle ziemliche Sorgen. Die Regierung spricht von Rache und die Amerikaner machen es nicht besser.« Sie blickt sich vorsichtig um und wirft mir dann einen bedeutsamen Blick zu. »Lass uns lieber über etwas anderes reden«, sagt sie dann zu mir. »Sollen wir uns die Stadt ein bisschen ansehen?«

Als Tourguide kennt sich Ava ziemlich gut aus in Shiraz. Sie führt mich zuerst zu einer Moschee, der Nasir-ol-Molk Moschee. Das Gebäude ist unglaublich beeindruckend. Das trifft auf die meisten Moscheen im Orient zu, aber diese hier hat ein einzigartiges Flair. Vielleicht liegt das an der kunstvoll verzierten Fassade und den Wänden. Ich habe den Verdacht, dass die Sonne diese Moschee zu etwas Besonderem macht. Die helle Morgensonne taucht den weitläufigen Raum in warmes, farbiges Licht, das automatisch eine Wohlfühlatmosphäre erzeugt. Ich kann verstehen, weshalb Ava hier ein paar ruhige Momente verbringen möchte. In diesem Gebäude fühle auch ich mich ohne Vorbehalte wohl. Ein bisschen wie in einem bunten Wohnzimmer.

Gegenüber der Moschee führt Ava mich in eine Markthalle, in der unzählige Händler eifrig sehr fein gewebte Teppiche verkaufen. Ein paar Meter weiter finden wir einen kleinen Buchladen, in dem man sich mit Lesestoff eindecken kann. Die Bücher sind extrem günstig, fällt mir auf. »Wegen der Sanktionen gibt es kein internationales Copyright«, erläutert Ava und es leuchtet mir sofort ein. Iranische Verlage können im Grunde drucken, was sie möchten. Ich sehe mir ein wenig die Auslage an und bemerke, wie Ava mich gespannt beobachtet. »Nur zu, sieh dich weiter um«, sagt sie und fängt an zu grinsen. Ich weiß nicht, worauf sie hinauswill, aber ich folge ihrem Ratschlag. Da die Titel alle auf Farsi geschrieben sind, sehe ich mir die Cover intensiv an und siehe da …

»Hitler?!«, rufe ich schockiert aus und sehe mir das Buch genauer an. Es ist eine persische Ausgabe von Hitlers *Mein Kampf*, die hier zum Verkauf geboten wird. Der Diktator ziert dabei in bekannter Pose in grimmiger Illustration und mit Hakenkreuz am Arm den Buchdeckel. Ich weiß, dass das Buch in den wenigsten Ländern verboten ist, trotzdem bin ich etwas geplättet von der Entdeckung. Ava dagegen kann sich das Lachen nicht mehr verkneifen. »Hitler hat bei uns in Iran beinahe Heldenstatus«, erklärt sie mir dann. Mir schießt die Anti-Israel-Propaganda in den Kopf, die ich an jeder Ecke in Teheran gesehen habe.

»Aber nicht wegen des Holocaust?«, frage ich vorsichtig und bin erleichtert, als Ava den Kopf schüttelt.

Ein Buch, mit dem ich hier nicht gerechnet hätte …

»Das wissen die meisten hier gar nicht. In der Schule wird das Thema ausgespart. Wir lernen nur, dass Nazi-Deutschland mit Iran verbündet war.«

Ava, die aus einer gebildeten Familie kommt und sogar in Deutschland studiert hat, kennt selbstverständlich den faktischen Verlauf der Geschichte. Sie erzählt mir aber auch, wie die Regierung der Bevölkerung gegenüber gezielt eine Aufklärung über den Holocaust verhindert, um international provozieren zu können, ohne dabei die eigene Bevölkerung vor den Kopf zu stoßen. Dass Iran selbst viele Juden beherbergt, scheint für die Herrschenden aber keine Rolle zu spielen.

Am nächsten Tag gehen wir nach Persepolis. »Ich kenne mich da nicht gut aus«, versichert mir Ava, als ich sie frage, ob das für sie nicht langweilig sei. Sie schlägt vor, dass wir uns einen Guide nehmen, der uns durch die antike Stadt führt. Persepolis ist wahnsinnig beeindruckend, finde ich, und unser Guide richtet sich gleich zu Beginn an mich: »Von Alexander dem Großen hast du wahrscheinlich schon gehört, oder?«

»Klar«, sage ich und nicke.

»Wir Perser finden ihn nicht so groß. Er hat die bedeutendste Stadt Persiens vernichtet.« Damit beginnt meine 1½-stündige Geschichtstour in die Antike – und zwar aus Sicht der Eroberten. Klar haben wir den mazedonischen Herrscher in der Schule behandelt, aber als bedeutenden Eroberer und Feldherrn. Unser Guide zeigt uns dagegen die Brandherde, als Alexanders Soldaten die Stadt dem Erdboden gleich machten und ihr Mal auf den Steinen hinterlassen haben. Er erklärt uns auf den immer noch gut erhaltenen Fresken, was wir dort sehen und ich bin schwer beeindruckt von der Vielfalt, die dort abgebildet ist. Das antike Persien war ein riesiger Vielvölkerstaat, der sich unter dem persischen König vereint hat. Die Fresken zeigen oft, wie die unterschiedlichen Volksstämme dem König ihre Geschenke darboten. Was ich nicht wusste, ist, dass Persepolis nicht die Hauptstadt Persiens war. Es war eine Art Zeremonie-Hauptstadt, zu der die Bevölkerung hingereist ist, um wichtige Zeremonien für ein oder zwei Monate durchzuführen.

Das Tor aller Länder in Persepolis diente als Wartesaal
für die Vertreter aus allen Ländern im Weltreich des alten Persien.
Alexander ging es wohl nicht schnell genug.

»Eine Party-Hauptstadt«, raune ich Ava zu, die darauf losprusten muss.

Bei der ganzen Besichtigung wird deutlich, dass ich auch in Bezug auf Geschichte eine westliche Perspektive gewohnt bin. Persepolis ist das perfekte Beispiel dafür, dass die Perser damals schon die Bösen waren. Ich gebe zu, ich beziehe den Großteil meiner geschichtlichen Bildung über Persien aus dem Film *300* und bin wirklich keine Referenz für fundierte Analysen. Trotzdem ist es auffällig, dass damals wie heute die Perser und heutigen Iraner im Weltgeschehen die Bösen sind. Ich kann nicht beurteilen, ob das stimmt. Aber unser Besuch in Persepolis, bei dem ich das erste Mal die Geschichte Persiens aus iranischer Perspektive gehört habe, stimmt mich nachdenklich. Alles scheint zwei Seiten zu haben und ich kann verstehen, warum der Iran versucht, seine eigene Erzählung am Leben zu erhalten. Auch wenn sie vielleicht nur im eigenen Land gehört wird. Aber wie schon bei dem »Free Friendly Talk« mit dem Imam verschwimmen die Grenzen zwischen ehrlichem Dialog und Propaganda. Ich glaube, ich kann gar nicht mehr richtig beurteilen, was Wahrheit und was Lüge ist.

Um den gestrigen Tag ausklingen zu lassen, habe ich Ava als Dankeschön zum Essen eingeladen. Das Restaurant hat sie ausgesucht, versteht sich. Wir haben gequatscht und sie hat viel aus ihrem Leben erzählt. Ava ist ein paar Jahre älter als ich und aus unerfindlichen Gründen bin ich bislang davon ausgegangen, dass sie »meine Generation« ist, obwohl sie aus einer anderen Kultur stammt. Vielleicht haben mich auch Iran und die Umgebung, in der ich mich befinde, dazu verleitet. Ich sehe viele junge Leute, die häufig sehr westlich gekleidet sind. Niemand hält sich das Kopftuch vor das Gesicht, wie das in manchem türkischen Landstrich der Fall ist. Alles in allem wirkt die Gesellschaft Irans unglaublich liberal und modern.

Als Ava mir von ihrer Kindheit erzählt, merke ich, wie groß dieser Fehlschluss ist. Sie wisse noch, sagt sie mir, dass sie als Kind nachts alle Lichter ausmachen musste und die Fenster mit Decken behängt habe. »Es gab jede Nacht Fliegerangriffe«, führt sie aus. Als Saddam Hussein nach der islamischen Revolution in den späten 70er-Jahren im Iran einmarschiert ist, löste er einen achtjährigen Krieg aus, der in der iranischen Bevölkerung viel Leid verursacht hat. Meine Generation, Ava, das sind Kriegskinder. Ihre frühsten Kindheitserinnerungen sind von Bunkerbesuchen geprägt und dem Versuch, den Kindern in den drückenden Kellerräumen spielerisch die Angst zu nehmen. Ich bin tief beeindruckt von der Leichtigkeit und dem Reflexionsvermögen, mit dem sie von ihren Erlebnissen und der Geschichte ihres Landes erzählt. Ich beginne allmählich, ein wenig zu verstehen, wie sehr der Konflikt mit dem Irak das Verhältnis zum Rest der Welt geprägt hat, die jahrelang tatenlos zugesehen hat.

Für heute haben wir uns weniger vorgenommen. Wir treffen uns am späten Nachmittag und Ava möchte mir das Grab ihres Lieblingsdichters zeigen. »Danach habe ich noch eine kleine Überraschung für dich«, fügt sie augenzwinkernd an. Der Dichter, den sie meint, heißt Hafis und gilt als der Volksdichter Irans. »Jeder liebt Hafis«, sagt sie, während wir den kleinen, wunderschön hergerichteten Park betreten. Der Dichter des persischen Reichs werde heute immer noch gelesen, lasse ich mir sagen. Und tatsächlich stehen viele Iraner um das atmosphärisch beleuchtete Grab herum und blättern in Büchern mit seinen Gedichten. Gerade als Ava mir die persische Inschrift vorlesen möchte, hält sie inne und blickt erstaunt zu einer Gruppe junger Männer, die etwas abseits des Grabes stehen. Sie ruft plötzlich etwas auf Persisch und geht freudig auf sie zu, während ich unsicher hinterherstapfe. Die fünf Jungs reden angeregt durcheinander mit Ava, bis sie mich ihren Freunden schließlich vorstellt. »Das ist Flo, er kommt aus Deutschland.« Alle fünf sprechen Englisch und wir kommen schnell ins Gespräch. Wie im Moment praktisch bei allen Gesprächen mit Einheimischen geht es um Soleimani.

»Hier, seht mal«, sagt einer der fünf und zeigt den Screenshot eines Tweets, der offenbar im Messenger gesendet wurde.

> [We have] ... targeted 52 Iranian sites (representing the 52 American hostages taken by Iran many years ago), some at a very high level & important to Iran & the Iranian culture, and those targets, and Iran itself, WILL BE HIT VERY FAST AND VERY HARD. The USA wants no more threats!
> — Donald J. Trump (@realDonaldTrump)
> [January 4, 2020]

»Trump gießt Öl ins Feuer«, sage ich kopfschüttelnd und Ava stimmt mir zu.

»Es ist teuflisch. Dabei war Soleimani wirklich ein Monster, weißt du. Er hat vor ein paar Monaten auf friedliche Demonstranten schießen lassen«, erklärt einer ihrer Freunde. »Jeder hätte ihm den Tod gewünscht. Und jetzt ist gerade sein Tod der Grund, hinter dem sich die Leute vereinen.«

»Wie das?«, frage ich interessiert.

»Weil viele die Amerikaner entweder dafür verachten, dass sie Soleimani getötet haben, oder dafür, dass sie sich in die Angelegenheiten Irans eingemischt haben. Das denken viele hier«, führt Avas Freund aus. »Und deshalb wird die Regierung kaum noch kritisiert. Die Amerikaner haben nichts erreicht damit.«

Der politischen Analyse kann ich nichts entgegensetzen, zumal ich wenig Ahnung von der Situation habe. Tatsache ist, dass jeden Tag irgendetwas Neues passiert, was die Lage verschärft. Zugleich versichern mir immer wieder Leute, dass ich mir keine Sorgen zu machen brauche.

»Hey Flo«, reißt mich ein anderer der fünf Jungs aus den Gedanken. »Hast du Durst?« Er hält mir eine Wasserflasche entgegen. Auf meinen skeptischen Blick hin fängt er an zu grinsen. »Ist ein ganz besonderes Wasser«, fügt er an und bedeutet mir, einen Schluck zu trinken. In dunkler Vorahnung setze ich an und verschlucke mich fast an der brennend scharfen Flüssigkeit. »Ist das …?«, frage ich, ohne es laut auszusprechen.

»Arak«, flüstert mir Ava grinsend zu. »Farzad hat ihn selbst gebrannt.«

Aus Höflichkeit nehme ich noch einen Schluck. »Habt ihr keine Angst erwischt zu werden?«, frage ich dann leise. Der Konsum von Alkohol ist laut iranischem Gesetz ein Kapitalverbrechen, unter Androhung von Todesstrafe und Peitschenhieben. Bereitet man sich auf eine Reise in Iran vor, dann gehören diese Verbote zu den Must-reads. Dass aber die eigene Bevölkerung freimütig diese Strafe in Kauf nimmt, hätte ich nie erwartet. Farzad grinst mich verwegen an, als ich ihm die Flasche dankend zurückgebe und lässt sie kreisen.

Es ist mittlerweile dunkel und wir verabschieden uns von den fünf Jungs. »Ich hätte nie damit gerechnet, sie hier zu treffen«, antwortet Ava, als ich frage, woher sie sich kennen. »Sie sind Freunde aus Teheran, aber sie besuchen offenbar Farzads Familie.« Wir laufen ein paar Schritte, ehe Ava innehält. »Also Flo, ich habe mir was überlegt. Ich muss wegen meiner Touren noch ein paar Stationen in Iran ansehen. Als nächstes wären die Inseln im Süden, Kerman und eventuell Yazd, auf der Liste. Wie wäre es, wenn wir uns für eine kleine Rundreise zusammentun? Ich hätte Gesellschaft und du könntest von deiner persönlichen iranischen Tourguide profitieren.«

Ava muss mir diesen Vorschlag nicht zweimal machen. »Dir ist schon klar, dass du bei diesem Deal schlechter dastehst, oder?«, frage ich lachend, ehe ich einwillige.

»Dafür darfst du meinen Rucksack tragen«, sagt sie augenzwinkernd. »Außerdem werden wir einige Hürden nehmen müssen, wenn wir zu zweit reisen«, fügt sie gleich etwas ernster an.

»Solange ich nicht noch mehr von dem Arak trinken muss, nehme ich alles in Kauf«, erwidere ich, glücklich grinsend über meine neue Reisebegleitung. Gerne hätte ich Ava vor Freude umarmt. Nicht nur gibt sie mir eine einzigartige Chance, den Iran von einer ganz anderen Seite kennenzulernen, als das ein Tourist je könnte. Sondern sie ist wahnsinnig freundlich und nett – eine bessere Mitreisende hätte ich nicht finden können. Aber stattdessen gehen wir in gebotenem Abstand in Richtung Busstation, peinlich darauf achtend, dass wir uns nicht zu nahe kommen. Denn im Iran weiß man nie, wer gerade zusieht.

Das persische Reich erstreckte sich in seiner größten Ausdehnung von der heutigen Türkei bis nach Indien. Dieses Relief zeigt eines der zahlreichen beherrschten Völker.

Zwischenstopp mit Sorge in Bandar Abbas

»Und auf geht's, neun Stunden Busfahrt bis nach Bandar Abbas, ehe wir unser erstes Ziel erreichen«, spreche ich in die Kamera. Meine V-Logs auf YouTube erfreuen sich mittlerweile einer recht hohen Beliebtheit. Es ist eine willkommene Abwechslung von dem ständigen Reisen, sich mit Videoschnitt und Filmen zu beschäftigen. Neben mir sitzt Ava und winkt lächelnd in die Kamera, während ich versuche, ein paar Eindrücke festzuhalten. Wir sind seit einer knappen Stunde unterwegs und die Busfahrt scheint eine spaßige Angelegenheit zu werden. Der Busfahrer, ein untersetzter Herr in seinen 50ern, hat direkt zu Beginn seine Lieblingsmusik laut aufgedreht und begonnen, sich rhythmisch dazu zu bewegen. Seitdem laufen iranische »Traditionals« und der halbe Bus scheint zu der Musik zu tanzen. Auch Ava zeigt mir ihre Tanzmoves, die unter anderem aus einer undefinierbaren Bewegungseinheit zwischen ihren Fingern und dem Schnalzen ihrer Zunge bestehen. Typisch für Iranerinnen, sagt sie, und ich erinnere mich an die Tänzerinnen an Silvester in Teheran, die ähnliche Schnalz- und Schnipslaute produziert hatten.

»Das Hotel hat unsere Buchung storniert«, sagt mir Ava frustriert, als wir in Shiraz am Busbahnhof stehen. »Die Keller sind vollgelaufen und sie können keine Gäste mehr aufnehmen.«

»Irgendwie kein Wunder«, erwidere ich mich Blick auf die Sturzbäche auf den Straßen. Der Regen prasselt aus Kübeln auf den Überstand an der Busstation. »Ich fürchte nur, hier wird es zu kalt zum Übernachten«, füge ich an und kann einen sorgenvollen Unterton nicht ganz unterdrücken. Ava tippt eifrig in ihr Handy und blickt mich dann aufbauend an. »Wir können bei Freunden übernachten«, sagt sie. »Allerdings müssen wir laufen. Ich fürchte, dass alle Taxis vergeben sind.«

Nach zehn Minuten sind wir komplett durchnässt und mein Rucksack wiegt wegen des Wassers gefühlte zehn Kilo mehr. Unter einer Brücke bleiben wir stehen, um die schlimmsten Regengüsse abzuwarten. Nach ein paar Minuten sehe ich eine schwarze Limousine heranfahren, die rechts blinkt. »Hey, vielleicht nimmt der uns mit?«, sage ich zu Ava, die das Auto skeptisch ansieht. Es ist weit und breit kein anderes Auto zu sehen und als ein freundlicher Mann, vermutlich in unserem Alter, aus dem Fenster guckt und uns bittet, auf der Rückbank einzusteigen, sagen wir nicht nein. »Welcome«, sagt er zu mir mit einem freundlichen Lächeln, als Ava mich als vorstellt. Er spricht kaum Englisch, weshalb sie sich auf Persisch unterhalten. Ich sehe mir das Auto derweil etwas näher an. Es ist kein billiger Wagen und ich glaube nicht, dass mir ein vergleichbares Gefährt schon einmal im Straßenverkehr in Teheran oder Shiraz aufgefallen wäre. Der durchschnittliche Iraner fährt so etwas nicht. Die Innenausstattung ist hochwertig, mit glänzenden Armaturen und edlen Ledersitzen. Nach wenigen Minuten Fahrt stupst meine Mitreisende mich und an bedeutet mir, auf mein Smartphone zu blicken. Mehrere Nachrichten von Ava blinken mir entgegen und ich sehe an ihrem Blick, dass etwas nicht stimmt.

Ava: »Flo, ich habe etwas Angst. Unser Fahrer ist von der Armee. Es ist verboten für eine unverheiratete Frau, mit einem Mann zu reisen. Es kann sein, dass er etwas herausfinden will.«

Flo: »Okay, was hast du ihm erzählt?«

Ava: »Du bist mein Ehemann aus Deutschland und wir besuchen die Verwandtschaft. Du arbeitest in der IT-Branche.«

Ava richtet ihre Aufmerksamkeit jetzt wieder auf den Fahrer, der offenbar ein großes Mitteilungsbedürfnis hat. Ich betrachte das Auto mit anderen Augen. Unsere Mitfahrgelegenheit scheint mit seinem Job bei der Armee nicht allzu schlecht zu verdienen, vermutlich ist er von hohem Rang. Auch wenn er in meinen Augen nicht älter als 40 Jahre alt sein kann. Ich habe im Vorfeld schon häufiger gelesen, dass Ausländer von Armeeangehörigen befragt und wegen Lappalien sogar abgeschoben wurden. Wirklich Sorgen mache ich mir aber nicht um mich. Doch Einheimische werden für Vergehen gegen die Sittlichkeit, wie beispielsweise unverheiratet zu reisen, hart bestraft. Mir wird erstmals klar, welches Risiko Ava eingeht, indem sie mit mir reist.

»Flo, willst du iranische Musik hören?«, richtet der Fahrer irgendwann an mich. Ich sehe seine dunklen Augen im dämmrigen Licht der Straßenlaternen im Rückspiegel aufblitzen und setze mein freundlichstes Lächeln auf. »Gerne«, sage ich, obwohl ich von iranischer Musik heute schon genug gehört habe. Ich versuche meine Nervosität nicht zu zeigen. Ein paar gezielte Fragen würden unsere Geschichte torpedieren. Er dreht sein Radio auf und es laufen die bekannten Klänge durch die Boxen. Ich merke, wie Ava sich allmählich entspannt und schon wenige Minuten später hält der Wagen an.

»Vielen Dank, das war sehr freundlich«, bedanke ich mich bei dem Armeeangehörigen, der sich in brüchigem Englisch verabschiedet. Ich bin erleichtert, dass die Situation so glimpflich für uns ausgegangen ist. Zugleich tut es mir ein wenig leid, dass wir so misstrauisch waren. Der Mann hat unsere Notlage erkannt und wollte uns ehrliche Freundlichkeit zukommen lassen. Es ist doch schön zu wissen, dass Menschen trotz ihrer Funktionen oder Rollen im Leben bedingungslos helfen möchten.

Avas Freunde, bei denen wir übernachten dürfen, leben in einem großen Haus in einem Vorort von Bandar Abbas. Uns empfängt ein junger Mann namens Farim, der Ava aus Teheran kennt und uns herzlich begrüßt. »Wollt ihr Pizza?«, fragt er schließlich. Nach der ewigen Busfahrt, dem überbuchten Hotel, dem Regenspaziergang und der Angst, dass uns jemand auf die Schliche kommt, merke ich, wie mein Magen ein lautes Knurren von sich gibt. »Flos Bauch sagt nicht nein«, lacht Ava und Farim bestellt gleich per Telefon. Als er sagt, dass es zu spät für einen Lieferdienst ist, biete ich mich als Laufburschen an. »Ich hole sie ab, ich bestehe drauf«, sage ich nachdrücklich, sobald ich mich versichert habe, dass es nicht mehr regnet. Als mir Ava gleich mehrfach den Weg beschrieben hat, gehe ich schließlich los. Ein bisschen habe ich das Gefühl, dass weder Farim noch Ava glauben, mich je wieder zu sehen. Na, denke ich, denen werde ich es zeigen. Das Pizza-Restaurant, optisch ein Pizza Hut in Persisch, erreiche ich ohne Zwischenfälle nach wenigen Minuten Fußweg. Dafür, dass es fast elf Uhr abends ist, ist erstaunlich viel los in dem Fastfoodladen. Trotzdem kann ich nicht erkennen, wo ich die Pizza abholen soll, also stehe ich ziemlich verloren am Eingang. Als dann die ersten Gäste mich stirnrunzelnd mustern, komme ich mir beobachtet vor. »Pizza?«, sage ich hilflos, um die Situation aufzulösen. Links von mir deutet jemand auf einen Tisch am Ende des Raums, an dem eine Mitarbeiterin steht, die telefoniert – und mich dabei leicht süffisant anlächelt. »Deine Freunde haben schon angerufen«, sagt sie amüsiert und stellt mir ein paar Pizzakartons hin. »Karte?«, fügt sie an und streckt ihre Hand nach meiner iranischen Kreditkarte aus. Sie nimmt sie mit hinter die Kasse, zieht sie durch den Schlitz und blickt mich erwartungsvoll an. »Code?«, sagt sie dann, als ob ich etwas schwer von Begriff wäre. Ich stutze. Auch wenn ich mich beim Pizzaholen denkbar doof anstelle, denke ich, ganz auf den Kopf gefallen bin ich jetzt auch nicht. Ich setze mein freundlichstes Lächeln auf. »No«, sage ich dann und deute auf das Gerät, damit ich die PIN selbst eingeben kann. Sie sieht mich verständnislos an. »Code«, sagt sie noch mal, diesmal laut und ganz langsam. Hält die mich für einen doofen Ausländer, dem man seine Kreditkartendaten aus der Tasche ziehen kann, denke ich überzeugt von mir selbst und schüttle den Kopf. »Nein, ich mach das selbst«, sage ich nachdrücklich und greife nach dem Gerät. Diesmal lässt sie mich gewähren, wenn auch widerwillig, und ich tippe den PIN-Code ein. Auf dem Weg nach draußen sehe ich noch, wie mehrere Mitarbeiter lachend den Kopf über mich schütteln, aber mir ist das egal. Ich finde, ich habe mich nicht verhalten wie ein ahnungsloser Tourist, sondern wie jemand, der weiß, wenn er übers Ohr gehauen wird.

»Flo, du hast dich verhalten wie ein ahnungsloser Tourist«, sagt Ava schmunzelnd, während wir unsere Pizza bei Farim verzehren. Um uns herum sitzen noch eine Schwester Farims und seine Mutter, alle mit einer Pizzaschnitte in der Hand. Sie lachen aus vollem Halse, als ich meiner Empörung über die Kassiererin Ausdruck verleihen möchte.

»Das ist hier völlig normal«, ergänzt mein Gastgeber meine Mitreisende und grinst mich an. »Ich bin ja froh, dass Ava noch angerufen hat, um dich anzukündigen. Die hätten dich sonst wahrscheinlich wieder heimgeschickt«, sagt er lachend.

»Warte, ihr gebt eure PIN-Nummer an die Verkäufer? Die von euren Kreditkarten?«, frage ich irritiert, nachdem sich alle ein wenig beruhigt haben. »Warum?«, füge ich fassungslos an, was wieder einige Lacher erzeugt.

»Hier in Iran stiehlt keiner deine Daten«, sagt Ava schulterzuckend. »Ihr Deutschen seid sehr misstrauisch, das ist hier nicht so.

Ganz Teheran kennt meine Kreditkartennummer und es ist noch nie etwas passiert«.

»Hm«, erwidere ich nachdenklich. »Das würde so einige seltsame Blicke erklären, die mir diverse Verkäufer zugeworfen haben«, sage ich schließlich augenzwinkernd. Farim klopft mir aufbauend auf die Schulter und auch die anderen lassen mich wissen, dass zwar jeder Iraner so ein Verhalten seltsam findet. Aber übel hat es mir sicher niemand genommen.

Für Frauen, Freiheit und das Recht

»Normalerweise gibt es hier viele Angebote für Touristen, aber die halbe Stadt steht unter Wasser«, erklärt mir Ava am nächsten Morgen. Deshalb fassen wir unser eigentliches Ziel direkt ins Auge: Hormus. Ich bin gespannt, was mich erwartet, weil ich diesen Namen nur aus den Nachrichten kenne. Die Straße von Hormus gilt nämlich als eine der gefährlichsten Seestraßen der Welt. Gleichzeitig ist es das wichtigste Nadelöhr für Öllieferungen aus den Anrainerstaaten – Kuwait, Katar, Bahrain, die Vereinigten Arabischen Emirate, Saudi-Arabien und Irak. Als wir mit einer kleinen Fähre die Überfahrt beginnen, kommen mir die Nachrichten über iranische Kriegsschiffe, die irgendwelche Öltanker in Geiselhaft genommen haben, in den Kopf. Ich spreche Ava darauf an, die mich beruhigt. Sie wisse nicht, ob dort militärische Einrichtungen sind oder abgesperrte Gebiete. »Aber die Meerenge hat mit der Insel nichts zu tun. Außer, dass sie nach ihr benannt ist.«

Schon kurz nachdem wir in einem kleinen Fischerhafen von Bord gegangen sind, muss ich Ava zustimmen. Trotz der teils beeindruckenden Steilklippen, die wir seeseitig erkennen können, ist die felsige Insel mit ihren sieben Kilometern Durchmesser winzig. Auch die Hafenstadt Hormus ist nicht größer als ein Dorf, wobei sie ein besonderes Flair hat. Die Bucht ist umgeben von felsigen Bergzinnen, die an kleine Vulkane erinnern. Nachdem wir unsere Sachen in unserem Gästehaus in Hafennähe abgeladen haben, buchen wir einen der Tuk-Tuk-Fahrer, die Touristen rund um die Insel fahren.

Obwohl die Insel sehr klein ist, scheint sie sich einiger Beliebtheit zu erfreuen. »Vor allem bei iranischen Touristen«, stellt Ava klar. Schnell wird deutlich, weshalb das so ist.

Auf Hormus gibt es kaum Teerstraßen, weshalb die Einheimischen häufig mit den Tuk-Tuks über die Insel fahren.

Die Landschaft ist wirklich einzigartig. Auf dieser kleinen Insel tummeln sich die unterschiedlichsten Formen und Flächen. Berühmt ist die Insel auch für ihren roten Sand, der auf einen extrem hohen Eisengehalt im Felsen zurückzuführen ist. Mal denke ich, ich sei in der Wüste, im nächsten Moment stehe ich an den Steilklippen und blicke in den Persischen Golf hinein. Allein für diese Eindrücke hat sich der Besuch gelohnt, finde ich.

Unser Gastgeber hat uns geraten, ein paar Stunden vorher in den Restaurants anzurufen, wenn wir etwas essen gehen möchten, da sie dann für uns extra kochen würden. Nachdem Ava für uns in einem Hafenlokal reserviert hat, haben wir noch einige Stunden Zeit und gehen in das Museum eines lokalen Künstlers. »Ahmad

Die Straße von Hormus. Das blaue Meer und der rote Sand ergeben ein einzigartiges Farbspiel.

Nadalian«, erklärt mir Ava, »ist ein Umweltaktivist und Künstler, der hier ansässig ist.« Das Museum ist relativ versteckt im älteren Teil von Hormus-Stadt und strahlt schon von außen eine besondere Atmosphäre aus. »Wirkt hippiemäßig«, sage ich amüsiert, aber Ava stimmt mir ernsthaft zu.

»Hormus ist für seine Hippiebewegung bekannt.«

Im Inneren finden wir viele Kunstwerke vor und unglaublich viele zu Schau gestellte Stein- und Erdproben, die die geologische Vielfalt der Insel eindrucksvoll zeigen. Am Ende unseres Rundgangs treffen wir einen freundlich dreinblickenden Mann, der auf einem Barhocker sitzt. »Dr. Nadalian?«, geht Ava auf ihn zu und er begrüßt uns mit fließendem Englisch. Es stellt sich raus, dass Ahmad Nadalian bereits in über 60 Ländern seine Kunst ausgestellt

Das Museum von Dr. Ahmad Nadalian ist so einzigartig wie der Künstler selbst.

hat, unter anderem auch in Deutschland. Er legt dabei ein besonderes Augenmerk auf Frauenrechte, die es offiziell im Iran gar nicht gibt. Viele Ausstellungsstücke sind von Frauen hergestellt oder nehmen gezielt Anstoß an der Schamhaftigkeit, mit der alles Weibliche im Islam behaftet ist. Benachteiligte Frauen arbeiten im Museum und für seine Kunstprojekte, damit ermöglicht Nadalian ihnen mehr Selbstbestimmung. Der Künstler erzählt uns ein bisschen über seine Arbeit und seine Augen leuchten, als er von dem Unterricht spricht, den er den Kindern der Umgebung gibt.

Nach zwei Tagen auf Hormus setzen wir zur Nachbarinsel über. Das Kontrastprogramm könnte nicht größer sein. Neben der winzigen und ultraliberalen Hippie-Insel liegt Qeschm. Die Insel ist riesig und gilt als der Touristenhotspot im Iran. Zudem ist dort wohl eine Hochburg der schiitischen Bevölkerung Persiens, die den Koran deutlich strikter auslegt. Unser dortiger Gastgeber lebt seinen Glauben nicht nur streng konservativ, sondern er hat vier Ehefrauen. Es hätte mich brennend interessiert, was Dr. Nadalian dazu gesagt hätte.

Kerman und einer der gefährlichsten Männer der Welt

Wir haben Qeschm heute morgen mit der Fähre verlassen und in Bandar Abbas den Bus nach Kerman genommen. Ava sitzt neben mir und liest aus ihrem Smartphone vor. »Es ist ein offener Brief an die Regierung«, sagt sie dann, und fasst mir den Inhalt zusammen. »Die Leute haben keine Lust mehr auf die Spielchen der Regierung und wollen nur Frieden.«

Die Nachrichten haben sich in den vergangenen Tagen überschlagen. Erst wurde ein Passagierflugzeug abgeschossen und der Iran hat das Ausland beschuldigt. Jetzt, wenige Tage später, hat die Regierung eingestanden, dass die eigenen Leute schuld sind. Ich meine zu bemerken, dass alle etwas nervöser werden. Seit wir losgefahren sind, durchqueren wir die dritte Straßenkontrolle. Diesmal muss der Busfahrer anhalten. Ein streng dreinblickender Militärpolizist steigt ein und fordert lauthals jeden auf, die Pässe bereitzuhalten. In Avas Blick sehe ich leichte Sorge aufkeimen und ich weiß, was sie denkt. Wie schon in Bandar Abbas sind wir gemeinsam unterwegs – aber diesmal im öffentlichen Verkehr. Und anders als damals gibt es ganz klare Regeln, was die Sitzplätze angeht: Männer und Frauen sitzen getrennt. Außer sie sind verheiratet oder Geschwister. Letzteres wird uns wohl niemand glauben, sobald ich meinen Pass vorzeigen muss.

Ich habe den Eindruck, dass der Polizist uns von Anfang an ins Auge gefasst hat, und er kommt direkt ohne Halt auf uns zu. Ava neben mir hat ihre Dokumente bereit, als der Mann mit eiserner Miene vor uns steht und auf Farsi nach unseren Ausweisen fragt. Meine Sitznachbarin ist merklich nervös. Sie übersetzt für mich und ich entscheide, einfach freundlich zu lächeln. Es dauert keine zwei Sekunden und er stellt strenge Fragen, während er mich nur mit einem kurzen Seitenblick beachtet. Sie antwortet, langsam, auf Farsi und ich verstehe nur zwei Worte: »Munich« und »IT-Consultant«. Der Mann zückt einen Stift und Papier und notiert sich ein paar Sachen. Hoffentlich nicht die Ausweis-Nummer, denke ich und mein Herz fängt an zu pochen. Würde jemand mein Visum genauer kontrollieren, dann wäre die Geschichte, die Ava ihm erzählt, schnell aufgeflogen. Ich brauche nicht lange zu überlegen, um zu wissen, dass wir in den Augen der Polizei verheiratet sind und sie genau diese Sicht bestätigt. Als deutscher Staatsbürger könnte das für mich noch glimpflich ausgehen, aber wieder wird mir klar, dass Ava sich für diese Reise in ernsthafte Gefahr begibt. Ein paar Minuten später nimmt sie dankend die Ausweise zurück und der Polizist geht offenbar zufrieden weiter. Nach zwanzig Minuten dürfen wir weiterfahren und ich spüre, wie im ganzen Bus die Anspannung allmählich nachlässt. Auch wir atmen erleichtert auf. Die Kontrollen seien hier aber üblich, meint Ava. »Kerman ist ein Opium-Gebiet«, erklärt sie mir und verweist auf die Nähe zu Afghanistan. »Die Polizei hat alle Hände voll zu tun, illegale Schmuggler zu fangen.«

Unser Hostel in Kerman hat sich auf Ausländer spezialisiert. Als ich mit unserem Gastgeber ein wenig quatsche, stellt er mir seine Cousine vor. »My wife«, sagt er dann. Ich versuche, cool zu bleiben und bedanke mich für die Gastfreundschaft. Innerlich aber hängt sich mein Kopf daran auf, dass seine Cousine und seine Ehefrau dieselbe Person sind. Es ist nicht so, als hätte ich von dieser Praxis noch nie gehört. Aber wenn ich mir vorstelle, meine Cousine zu heiraten …

Ich schüttle den Gedanken ab und konzentriere mich auf unseren nächsten Ausflug. Bevor wir nämlich das Nachmittagsziel ins Auge fassen, unternehmen wir noch einen Roadtrip hinter die

Berge um Kerman. Ein Freund von Ava, Hossein, fährt uns in die Wüste Lut, die angeblich der heißeste Ort der Welt ist.

Dann steuern wir endlich Kerman an. Auch wenn es keine besonders eindrucksvolle Stadt ist, gibt es ein Ziel, das ich unbedingt sehen möchte. Kerman liegt nämlich in der Nähe des Geburtsorts von General Soleimani. Ich kann der Versuchung nicht widerstehen, einen Blick auf die Begräbnisstätte zu erhaschen, die in der vergangenen Woche eingerichtet worden war.

»Die Regierung hat den Leichnam erst durch das ganze Land gefahren«, erklärt mir Hossein, der deutlich besser informiert ist, als Ava und ich. »Da durfte dann jeder hin und trauern«, fügt er an, aber er kann seinen leicht sarkastischen Unterton nicht verbergen. Ehe ich nachfragen kann, lenkt mich eine riesige Kolonne Militärpolizei ab, die sich am Straßenrand positioniert hat. Je näher wir der Grabstätte kommen, desto dichter wird die Polizeiüberwachung. Als wir aussteigen, um den Rest zu laufen, sehe ich alle paar Meter einen bewaffneten Beamten. Weiter vorne höre ich jemanden über Lautsprecher reden.

»Das ist Soleimani«, sagt mir Hossein auf Nachfrage. »Sie spielen eine Rede von ihm ab.«

Der Platz scheint ein allgemeiner Gedenkplatz zu sein oder eine Art Friedhof. Um uns herum sind überall größere Denkmäler und der Boden ist gepflastert von unzähligen schwarzen Grabsteinen. Sie sind so eng gelegt, dass es einem Balanceakt gleichkommt, auf keinen der Steine zu treten. Die Neugierde scheint viele Menschen zu Soleimanis Grab zu treiben. Je weiter wir vordringen, desto dichter wird die Menschenmenge und desto aufmerksamer werden wir von Sicherheitsleuten beäugt. Ich fühle mich nicht wohl in meiner Haut. Aus Angst, jemand könnte auf mich aufmerksam werden, verhalte ich mich möglichst unauffällig. Zusätzlich zu Jacke und Schal habe ich meine Mütze weit ins Gesicht gezogen. Ich hoffe, dass niemand bemerkt, dass ich Ausländer bin. Ich spüre, dass ich nicht hierher passe. Ich blicke zu Ava und Hossein, die ebenfalls stehen geblieben sind und offenbar wenig Lust verspüren, dem überdimensionierten Grabmal näher zu kommen. Überall sind Blumen, Spruchbänder und Plakate. »Wir werden dich rächen«, steht auf Englisch und Persisch geschrieben unter einem gigantischen Porträt Soleimanis. Nur ein paar Meter weiter vorne sehe ich mehrere Kamerateams, die Besucher befragen, darunter auch offensichtlich einige Ausländer. Unablässig läuft derweil die aufgezeichnete Rede des Generals in Dauerschleife im Hintergrund. Die ganze Szenerie

Auf dem Weg in die Wüste Lut bei Kerman. Der heißeste Ort der Welt ist für Iraner ein beliebtes Ausflugsziel.

General Soleimani blickt von überall auf uns herab.

ist unwirklich. Wir sind angekommen im Herzen der iranischen Propagandamaschine, die vor niemandem in diesem Land haltmacht. Es ist ihr egal, ob man Tourist oder Bürger ist, jeder wird instrumentalisiert und ihr vor den Wagen gespannt. Wir drei tauschen kurz Blicke und machen uns in stillem Einverständnis wieder auf den Rückweg. Erst als wir sicher im Auto sitzen und einige Kilometer gefahren sind, bricht Hossein die Stille.

»Puh, das war nicht schön«, sagt Avas Freund und schüttelt den Kopf. »Die Iraner haben nicht genug zu tun, sonst würden da nicht so viele hingehen.«

»Ich habe schon gehört, dass Soleimani im liberalen Lager nicht so beliebt war«, sage ich. Hossein nickt.

»Den einen war er verhasst … aber von anderen verehrt. Weißt du, die haben solche Angst, dass es Ausschreitungen gibt, dass sie Beerdigungen verboten haben.«

Ich blicke ihn verständnislos an. »Und was bringt das?«

»Beerdigungen sind im Iran sehr groß. Die Leute versammeln sich am Grab, am ersten Tag, am dritten und am vierzigsten. Bis die Trauerzeit vorbei ist. Und wenn sich die Menschen versammeln, dann reden sie. Das war schon öfter ein Anlass für spontane Proteste.«

»Wenn man aber den Bildern glauben darf, dann gibt es in Iran schon viele Unterstützer von Soleimani, oder?«, frage ich unbedarft mit Blick auf die Nachrichten, die ich gesehen habe. Darin waren große Proteste und Demonstrationen gegen die USA zu sehen. Hossein zuckt mit den Schultern.

»Es werden ja nur bestimmte Bilder gezeigt. Oft gehen die Demonstrationen gegen die Regierung. Die aber deutet das einfach um. Zum Beispiel legen sie amerikanische und israelische Flaggen auf den Boden, damit die Menschen mit ihren dreckigen Schuhen drüber laufen. In den Medien sieht das so aus, als wäre die Demonstration gegen Amerika. Aber das ist nur ein Bild. Häufig meiden die Menschen absichtlich die Flaggen, um zu verhindern, dass die Regierung die Demonstration für sich verwendet.« Hossein seufzt. »Es gibt immer neue Wege, wie wir gegen die Welt ausgespielt werden. Das ist so ermüdend für uns alle. Aber wir können damit leben.«

Irgendwie ist Iran total verrückt, denke ich. Es kommt mir so vor, als wären all die Medienberichte und die Warnungen, die mir vor der Reise von Medien transportiert wurden, über ein anderes Land gegangen. Es erinnert mich ein wenig an den Scheinriesen aus der Augsburger Puppenkiste. Aus der Entfernung wirkt Iran wie ein antiwestliches und antidemokratisches Land mit drakonischen Strafen und unmenschlicher Unterdrückung. Wenn man aber näher rankommt, dann wird dieses Bild in eine andere Perspektive gerückt. Es ist noch immer wahr und vorhanden, das glaube ich schon. Ava muss nicht grundlos ihr Kopftuch tragen, Frauenrechte werden hier klein geschrieben und Homosexuelle werden zum Tode verurteilt. Wenn man näher kommt an dieses Land, das seine Einwohner am liebsten Persien nennen, dann rückt sich dieses Bild des Schurkenstaats zumindest in die richtige Perspektive. Der Alltag der Menschen hier ist geprägt von kleinen Regelbrüchen und dem ständigen Versuch, der Regierung ein Schnippchen zu schlagen. Und wenn sie nur die Regierungspropaganda ins Leere laufen lassen. Die Bevölkerung kommt mir in weiten Teilen fast westlich vor, es herrscht ein unglaublicher Geschäftssinn und eine Freude an Innovation. Außerdem haben die Iraner eine unmittelbare Freundlichkeit, die ihresgleichen sucht. Der Intoleranz, die von der Regierung eingefordert und vorgelebt wird, so ist zumindest mein Eindruck, stellen viele Iraner eine kompromisslose Offenheit gegenüber allen Menschen entgegen.

Noch mal ein Blick in die Wüste Lut. Die Abwesehnheit von Leben offenbart die Schönheit der Landschaft an diesem Ort.

In einem Wohngebiet etwas außerhalb lädt uns Avas Freund dann ab. Wir bedanken uns herzlich bei ihm. Beim Reingehen drückt mir Ava noch ein kleines, hübsch verpacktes Geschenk in die Hand, das sie aus ihrer Tasche zieht. »Hier, das brauchen wir noch«, sagt sie geheimnisvoll. Im Innern des mehrgeschossigen Wohnhauses öffnet uns eine Frau mit warmen Augen und freundlichem Gesicht die Wohnungstür. Aus der Wohnung riecht es köstlich nach frisch zubereitetem Essen und ich kombiniere schlau, weshalb wir hier sind. Nachdem sie Ava herzlich gedrückt hat, sehe ich meinen Moment gekommen und möchte ihr das Geschenk in die Hand drücken. »Ich glaube, das ist nicht für mich«, sagt mir die Frau und Ava grinst ebenfalls breit.

»Okay«, sage ich irritiert. »Für wen ist es dann?«

»Komm rein, Flo, wir haben schon viel von dir gehört. Mein Name ist Elis. Und das hier«, sie geht zur Seite und deutet auf eine junge Frau etwa in meinem Alter, »das ist Ziba, meine Tochter.«

»Und meine engste Freundin«, fügt Ava hinzu und umarmt sie ebenfalls.

»Nachdem hier sonst niemand ist, ist das hier für dich«, folgere ich und versuche, ihr das Geschenk in die Hand zu drücken. Aber auch Ziba macht eine abwehrende Geste. »Nein, nein, Flo, das ist nicht für mich.«

Okay, jetzt bin ich komplett irritiert. »Aber hier ist sonst niemand«, rufe ich aus und blicke in die kleine, aber gemütlich eingerichtete Wohnung.

»Doch, hier gibt es noch jemanden«, sagt Ava und deutet auf mich. »Alles Gute zum Geburtstag, Flo!«

Für einen Moment bin ich sprachlos. Ich hatte Ava nie von meinem Geburtstag erzählt, sie muss ihn auf meinem Pass bei einer der Polizeikontrollen gesehen haben. »Ich weiß, du hast erst in zehn Tagen,« fügt sie lächelnd auf meinen irritierten Blick hin an. »Aber weil heute unser letzter Abend ist und du Iran verlässt, wollten wir ein bisschen mit dir feiern.«

Noch immer bin ich sprachlos über diese Freundlichkeit. Nach einigen Minuten kommen der Ehemann von Elis und ein Familienfreund zu der Runde und gratulieren mir ebenfalls. Ich packe mein Geschenk aus und finde eine hübsche Ausgabe von Hafis Gedichten vor, die Ava extra für mich auf Englisch besorgt hat. Elis hat meine persische Leibspeise Kabab Koobideh gekocht und als Nachtisch gibt es eine perfekte Torte, die sie extra für mich gebacken hat.

»Elis ist Konditorin«, erklärt Ava. Im Hintergrund läuft persische Musik und ganz zwanglos, so wie es im Iran verboten, aber üblich ist, fangen die fünf Iranerinnen und Iraner an zu tanzen – und ich auch. Dieser Abend ist ein perfekter Abschied vom Iran und mit Abstand das schönste Geburtstagsgeschenk, das mir seit Langem gemacht wurde.

Meine letzte Woche in Iran verbringe ich wieder in Teheran. Ich setze mein Sightseeing-Programm alleine fort, erkunde den Food-Market und entdecke bei einer Café-Tour das Central-Perk-Café, das der Kultserie meiner Jugendzeit (*Friends*) nachempfunden ist. Das ist mein absoluter Lieblingsort in einem Land, dessen Regierung alles verteufelt, das US-amerikanisch wirkt. Außerdem nimmt mich einer aus dem Hostel zum »Dur-Dur« mit – der iranischen Dating-Methode. Beim Dur-Dur verabredet man sich im überfüllten iranischen Straßenverkehr und kann sich bei heruntergelassenem Autofenster mit potenziellen Partnerinnen unterhalten. Früher war das sogar die einzige Art, auf legale Weise jemanden kennenzulernen.

Es ist irre, dass mir nach einem einmonatigen Iran-Trip derartige Skurrilitäten normal vorkommen. Trotzdem glaube ich nicht, dass die ständige Geheimnistuerei spurlos an einem vorbeigeht. Als die Flughafensicherheit meinen Laptop aufklappt, schlägt mein Herz wie verrückt. Auch wenn ich wissentlich nichts falsch gemacht habe. Aber es könnte sein, dass ich versehentlich militärische Geheimnisse fotografiert habe. Der Stress, den diese ständigen Kontrollen und die übertriebenen Strafandrohungen ausüben, setzt mir in jedem Fall zu. Als ich schließlich wieder in Istanbul ankomme und reden, telefonieren, surfen, ja sogar denken kann, wie ich will, da wird mir erst klar, wie sehr so ein Freiheitsentzug einem zusetzen kann.

Dabei bin ich mir nicht sicher, ob mein nächstes Ziel in dieser Hinsicht eine bessere Wahl ist. Als ich im Iran angekommen bin, ist in den Traveler-Netzwerken eine Nachricht wie eine Welle umgegangen. Das Land, das sich bisher vor Touristen komplett abgeschottet hatte, hat mit Jahresbeginn ein neues Touristenvisum eingeführt: Saudi-Arabien.

Saudi-Arabien

Mit Kamera im Wüstenstaat

Wie ich mich so umblicke, sehe ich um mich herum Menschen unterschiedlichster Nationen. Alle tragen traditionelle weiße Gewänder und die Frauen sind überwiegend stark verschleiert. Die Schwemme an Reisenden, die sich aus meinem Flugzeug ergießt, treibt mich in Richtung Einreise. Die Rollkoffer knattern, die Menschen schnattern und lachen – und mitten drin, in meinen abgetragenen Reiseklamotten und ohne ein Wort zu verstehen, sind mein Rucksack und ich.

Es ist nämlich nicht so, als hätte Saudi-Arabien in den vergangenen Jahrzehnten nie Besucher gehabt. Das reiche Land bietet zahllosen Geschäftsleuten die Möglichkeit, eine Menge Gewinne zu machen – immerhin gehört Saudi-Arabien zu den reichsten Ländern der Erde. Ohne Marktzugang geht das nicht. Wie ich so um mich blicke, wird mir aber klar, dass der größte Teil der Besucher einem anderen, meist deutlich ärmeren Teil der Menschheit zugeordnet werden kann: Pilger.

»Wir machen Omrah, die kleine Pilgerreise«, erklärt mir ein asiatischer Mann, der Guide für eine Gruppe aus Indonesien ist. Auch er ist in eine bodenlange weiße Kutte gehüllt, in der einen Hand seinen Trolli, in der anderen einen Selfie-Stick mit einem Stück roten Stoff, den er in die Luft hält. »Pilgerst du mit uns?«, fragt er dann, während wir uns in die Schlange zur Einreise stellen und ich schüttle den Kopf. »Nur Tourist«, sage ich. Der Guide runzelt nachdenklich seine Stirn und blickt mich irritiert an. Aber ehe er nachhakt, lenkt ihn aufkeimender Lärm an der Spitze der Schlange ab. »Entschuldige mich«, sagt er und eilt nach vorne, wo sich offenbar ein Mitreisender seiner Gruppe nicht ausweisen kann. Die Einreisegepflogenheiten sind anders, als ich das kenne, stelle ich fest. Zur

---

Saudi-Arabien ist für viele nur ein Wüstenstaat unter vielen.
Ich bemerke aber schnell, dass es hier sehr viel mehr zu sehen gibt.

Passkontrolle sind ausschließlich Frauen bestellt, und als ich den kleinen Zwischenfall weiter vorne beobachte, wird mir auch klar, weshalb. Die Sicherheitsdamen – alle mit verschleiertem Gesicht und Kopftuch – führen die weiblichen Reisenden hinter einen Schirm, um die Passkontrolle der Frauen durchzuführen. Mir fällt wieder das Gespräch mit Esin ein, das ich in der Türkei hatte. Sie hatte mir erklärt, dass im Islam Männer die Haare der Frauen nicht sehen dürfen. Über die Konsequenzen, die diese Regel für Flugreisen hat, habe ich bisher nie nachgedacht.

Es dauert lange, bis ich dran bin, um Pass und Visum vorzuzeigen und meine Hand abzuscannen. Trotz Gesichtsschutz merke ich, wie sie lächelt. »Sie sind der erste Tourist heute«, sagt sie und gibt mir meinen Reisepass zurück in die Hand.

Ich weiß auch nicht, weshalb ich gedacht habe, es könnte schwierig werden, vom Flughafen in die Stadt zu kommen. Selbst in der Türkei hatte ich ein recht archaisches Bild vom Nahverkehr. Ich gebe zu, auch in Saudi-Arabien war noch ein Kamel in meinen Vorstellungen vorherrschend.

»Natürlich gibt es Uber«, sagt der Verkäufer im Handyshop verdutzt auf meine Frage. Vom eigens eingerichteten Uber-Haltepunkt nimmt mich ein Fahrer mit und bringt mich zu meinem Hotel. Bei meinem ersten Rundgang am Abend merke ich, dass ich hier bereits gewesen sein muss. Vielleicht in einem früheren Leben?, denke ich, als ich an der Uferpromenade entlanggehe und die Läden ansehe. Die Straßenschilder sehen so vertraut aus, auch die Art wie die Häuser gebaut sind. McDonalds, Burger King, KFC, Dairy Queen und Chili's reihen sich aneinander. Es ist … ja, es ist ein bisschen wie in den USA. Und da fällt der Groschen: Alles ist wie in den USA. Es ist nicht nur ähnlich, sondern genau gleich. Als ob Amerikaner hierher gekommen wären und die Städte von zu Hause eins zu eins nach Dschidda kopiert hätten. Verwirrt blicke ich die Verkehrsschilder an. Abgesehen von den arabischen Schriftzeichen könnte ich an der Ostküste sein.

Es dauert nicht lange und der USA-Vergleich kommt an seine Grenzen. Die schön gestaltete und stimmungsvoll beleuchtete Uferpromenade hat Liegewiesen, auf denen sich die Einheimischen zum Picknicken niedergelassen haben. Die Männer tragen alle weiße Roben, häufig mit zusammengebundenem Tuch über dem Kopf – die typische Saudi-Kluft –, während die allermeisten Frauen vollverschleiert sind oder zumindest ein streng gebundenes Kopftuch mit Gesichtsbedeckung tragen. Es gibt nur Männergruppen, die gemeinsam sitzen, oder es sitzen jeweils nur ein Mann und eine Frau miteinander. Jugendliche kann ich unter den traumhaften Palmen und auf den saftigen Wiesen keine sehen. Ich lasse meinen Blick ein wenig schweifen und sehe in der Ferne eine gigantische Fontäne. Meine *Lonely Planet*-App sagt mir, dass das die größte Fontäne der Welt ist und ich lerne dabei noch den Namen des Stadtteils, in dem ich mich befinde: Corniche Waterfront.

Als Tourist in Saudi-Arabien ist es gar nicht so leicht, stelle ich am nächsten Morgen fest – weil kaum jemand bisher hier war. Die meisten Empfehlungen im Internet richten sich an Geschäftsreisende oder Pilger. Touristen waren nie die Zielgruppe. Ich entscheide deshalb, mir einen netten Ort für ein Frühstück zu suchen, zu dem die Einheimischen auch gehen. An McDonalds und dergleichen habe ich aber kein Interesse, auch nicht nach drei Monaten Orient. Deshalb versuche ich, dem extrem westlich geprägten Stadtteil zu entkommen, und laufe einfach drauflos.

Eine Sache, die ich unglaublich befreiend finde, ist, dass ich ungezwungen filmen kann. Klar gibt es auch in Saudi eine absolutistische Regierung, aber die Zensur ist längst nicht so drastisch wie im Iran. Seit ich hier angekommen bin, ist meine Kamera zu meinem treuesten Begleiter geworden.

Nach einer Dreiviertelstunde zu Fuß kann ich drei Beobachtungen festhalten: Erstens, niemand läuft. Niemand. Ich habe keine einzige Person zu Fuß gesehen, und das, obwohl ich schon eine Dreiviertelstunde unterwegs bin. »Wer ist dieser Irre, müssen die denken«, lache ich in meine Kamera. Zweitens, es ist unglaublich heiß. Und das schon um zehn Uhr morgens. Im Winter. Und drittens, scheine ich eine Art Attraktion zu sein. Als ich seelenruhig an der Uferpromenade entlangspaziert bin, meine Kamera in der Hand, hat jedes zweite Auto gehupt und gewunken, manch einer sogar aus dem Fenster gerufen. Freundlich, aber aufgeregt. Interessant.

Noch ehe ich die Altstadt erreiche, muss ich nach etwa einer Stunde meine kleine Wanderung unterbrechen. »Es geht nicht mehr«, sage ich in die Kamera und zeige, was los ist: In die Stadt kommt man nur, indem man eine Brücke überquert, die aber nicht für Fußgänger geeignet ist. »Also Uber«, sage ich und warte, bis mich ein Fahrer abholt.

Die heilige Moschee in Medina ist ein Ort, der vor wenigen Monaten für Nicht-Muslime unerreichbar war. Die grüne Kuppel markiert das Grab des Propheten Mohammed.

Allmählich wird mir klar, dass ich den Tag besser ein wenig geplant hätte. »Ich bin erst um halb zehn aufgestanden«, lasse ich meine Kamera wissen, »und ich dachte mir: Geh ich mal eben frühstücken. Fehlanzeige.« Mein Magen treibt mich schließlich in ein freundlich aussehendes Café und ein Blick in die Speisekarte verrät mir: nichts. Sie ist nämlich in Arabisch geschrieben. Im Grunde logisch, denke ich. Es gab ja bisher keine Touristen, für die man hätte übersetzen müssen. Außerdem scheint das hier ein Ort für Einheimische zu sein und nicht etwa für Geschäftsleute. Der Kellner spricht leider auch kein Englisch, aber er versteht, was ich möchte. Ein paar Minuten später finde ich mich mit einem Tee und einer Art Frühstücksbrei wieder, der ähnlich wie Porridge schmeckt – mit viel Datteln und Joghurt.

»Ist alles okay?«, höre ich schließlich jemanden fragen, als ich gerade online nach Aktivitäten in Dschidda scrolle. »Schmeckt das Essen?«

Ich blicke auf, überrascht, eine englische Stimme zu hören. Selbst in meinem Hotel spricht kaum jemand etwas anderes als Arabisch und die Uber-Fahrer konnten bisher nur Sprachbrocken. Ein Mann mittleren Alters im Anzug steht neben mir und blickt mich freundlich an.

»Äh ja, es ist sehr lecker, vielen Dank«, sage ich.

»Du bist Ausländer, nicht wahr? Bist du Tourist?«

Ich nicke.

»Ich bin der PR-Manager dieses Restaurants«, fährt er fort. »Hättest du Lust, ein bisschen was für Instagram zu erzählen?« Er hält sein Smartphone hoch und deutet an, ein Bild zu machen und ich willige ein. Klar, denke ich, wenn ich ihm eine Freude damit machen kann. Und in der Tat ist er ganz aus dem Häuschen, als ich in seine Kamera spreche, dass ich mein Frühstück sehr genossen habe. Als ich schließlich zahlen möchte, sehe ich, wie der PR-Manager an der Kasse steht und den Kopf schüttelt. »Du bist Gast«, sagt er. »Es ist uns eine Ehre, dich zu bewirten. Natürlich laden wir dich ein.«

»Das ist sehr nett, aber ich kann bezahlen«, erwidere ich, aber ich merke gleich, dass ich keine Chance habe. »Wir laden dich ein«, sagt er beharrlich. »Es ist uns eine Ehre, dass du bei uns gegessen hast.« Ich versuche es noch einmal, aber er lächelt nur freundlich und signalisiert mir, dass die Sache gegessen ist. Als ich das Café schließlich verlasse, muss ich an Tarof denken und wie die Iraner eine Art Spiel aus der muslimischen Gastfreundschaft gemacht haben. Jetzt hatte ich eher den Eindruck, dass ich hundertmal hätte ablehnen können und man mich trotzdem nicht hätte zahlen lassen. Als ich draußen stehe, sehe ich wie der PR-Manager winkt und dann hinter sich das Gitter runterzieht. Seltsam, denke ich, offenbar machen die mittags Pause. Ich laufe weiter durch die Altstadt und stelle fest, dass jeder Laden schließt. Gleichzeitig ertönt aus mehreren Ecken ein Ruf, den ich mittlerweile sehr gut kenne. Prayer time, denke ich, Gebetszeit. Ich weiß, dass viele Muslime regelmäßig beten, aber diese Institutionalisierung, wie sie hier der Fall ist, ist mir neu. Erstaunt laufe ich durch die ausgestorbene Altstadt, in der jedes Restaurant und jeder Laden sich verrammelt. Irgendwie ist es interessant, finde ich, dass ich innerhalb von kürzester Zeit in den zwei am meisten islamisch geprägten Ländern der Welt war und diese trotzdem so verschieden sind. So etwas ist mir in Iran nie passiert. Auch habe ich das Gefühl, dass die Saudis etwas skeptischer gegenüber Fremden sind. Nun gibt es glücklicherweise eine einfache Möglichkeit für Reisende, ein paar Leute zu treffen, um Gesellschaft zu haben. Die Couchsurfing-Community in Saudi-Arabien gilt als sehr aktiv und auch in Dschidda finde ich eine Gruppe, die heute Abend etwas unternimmt. Mal sehen, ob sich mein Bild noch verändert.

Dschidda und der Bachelor

»Hey Flo, hast du Lust, Fußball zu spielen?«

Ich gestehe, die Frage hat mich überrascht. Fußball in Saudi-Arabien? Da muss man mich nicht zweimal fragen. Als ich in meinem Rucksack krame, um passende Kleidung zu finden, merke ich, dass meine Reisegarderobe allmählich an ihre Grenzen kommt. T-Shirt ist kein Problem, meine »Sporthose« ist die Wanderhose mit per Reißverschluss halbierten Beinen, aber bei den Schuhen sieht es schlecht aus. Das Ersatzpaar zu meinen Reiseschuhen ist nämlich ein Paar Flipflops, die ich für die Hostelduschen einpackt habe. Kurzerhand mache ich meine Trekkingschuhe zu Fußballschuhen und schlüpfe in die mittlerweile arg mitgenommen Latschen.

Als ich im Uber zum Sportplatz sitze, an dem sich die Couchsurfing-Gruppe trifft, weiß ich nicht so recht, was mich erwartet. Spielen die hier auf einem richtigen Fußballplatz, mit Wiese und allem? Oder ist das eher ein staubiger Wüstenbolzplatz?

Schon ein paar Minuten später wird mir klar, dass dieses Land – wie immer – mit höchsten Standards auftrumpft. Es ist nicht nur ein Bolzplatz, zu dem mich mein Uber-Fahrer bringt, sondern es sind fünf Fußballplätze aneinandergereiht. Riesige Flutlichter sorgen für die perfekte Ausleuchtung und auf dem saftigen Grün des optimal gewässerten Rasens tummeln sich Hobbyfußballer. Als ich an den hohen Zäunen, die die Spielfelder voneinander trennen, entlanglaufe, beobachte ich, dass Fußball für die Saudis ein bedeutender Sport ist. Es sind sicher knapp einhundert Spieler auf dem Feld, und etliche stehen an der Seite und warten darauf, dass ihr Team endlich spielen darf. Ich blicke mich um und suche nach der Couchsurfing-Gruppe, die laut Chatverlauf auf dem vierten Feld spielt. Schließlich winkt mir ein dunkelhaariger Mann zu, etwa in meinem Alter, ebenfalls in Sportklamotten und mit Fußball unter den Arm geklemmt.

»Bist du Flo?«, fragt er, noch atmend vom Rennen und streckt mir seine Hand hin. »Bilal. Hast du Lust zu spielen?« Er wirft mir den Ball zu und wir teilen kurz darauf die Mannschaften ein. Die Spiele seien zeitlich auf zwanzig Minuten begrenzt, erklärt mir Bilal, damit die anderen Spieler am Spielfeldrand dann ihre Halbzeit spielen können. Für mich, der seit zwei Jahren nicht mehr Fußball gespielt hat, reichen die zwanzig Minuten völlig aus. Ich bin durchgeschwitzt und platt, als wir uns mit 1:0 Rückstand in unsere Halbzeit begeben. »Gut gespielt, Flo«, sagt Bilal und auch andere klopfen mir auf die Schulter. Einer der Spieler unserer Nachfolgermannschaft ruft derweil laut auf Arabisch.

»Sie suchen einen Schiedsrichter«, übersetzt mir Bilal, während wir am Spielfeldrand Wasser trinken. »Hey, du bist doch Deutscher«, meint er dann mit freudigem Gesichtsausdruck. »Ihr haltet euch doch an die Regeln und du spielst sehr gut Fußball. Willst du nicht pfeifen?«

Bilal wartet nicht lange, sondern ruft laut eine Antwort auf Arabisch zurück und schickt mich grinsend auf das Feld. Wenn schon Sport, dann richtig, denke ich mir, innerlich ein wenig wehmütig über die viel zu kurze Pause. Ich freue mich aber, dass ich nützlich sein kann und die anderen Spieler sind aus dem Häuschen, als ich den Anstoß signalisiere. Es dauert keine zwei Minuten und ich bin wieder voll in meinem Element. »Foul« und »Out of play« höre ich mich rufen und alle scheinen zufrieden mit ihrem Schiedsrichter. Als ich nach zwanzig Minuten Spielzeit zwei Minuten Nachspielzeit

gewähre, gibt es dann doch noch Beschwerden – und zwar von Gewinnern und Verlieren. Alles richtig gemacht also.

»Bilal, wo geht man denn am besten Essen in Dschidda?«, frage ich, nachdem ich mir nach dem Spiel ein paar frische Klamotten übergeworfen habe.

»Ich zeige dir das beste Restaurant in Saudi-Arabien«, sagt er und deutet auf sein Auto. »Los, wir fahren hin.«

Kaum zwanzig Minuten später stehen wir vor einem Fastfood-Restaurant, in das Unmengen an Menschen strömen. »Albaik«, sagt Bilal mit Stolz in der Stimme und deutet auf den rot leuchtenden

Wer hätte gedacht, dass eine Fast-food-Kette das beliebteste Restaurant des Landes ist. Albaîk hat Kultstatus unter den Saudis.

Schriftzug. »Der Ronaldo der Hühnchen-Restaurants«, fügt er grinsend an. Wir gehen durch den Eingang und ich wundere mich, dass »Bachelor« darübersteht. »Das ist mir jetzt schon öfter aufgefallen«, sage ich zu Bilal, während wir in der Schlange zum Bestellen stehen. »Hat das was zu bedeuten?«

Bilal lächelt breit. »Sieh dich doch mal um. Wen siehst du denn hier?« Ich mache, was er sagt und sobald man einmal darauf achtet, fällt es sofort auf.

»Männer«, sage ich. »Hier sind nur Männer.«

Als wir unsere Bestellung aufgegeben haben und uns einen Platz gesucht haben, erklärt mir mein neuer Freund, was es damit auf sich hat. »Es gibt einen Familieneingang und einen Eingang für Männer. Also wenn du mit deiner Frau Essen gehst, dann gehst du mit ihr durch den Familieneingang. Wenn du mit deinen Freunden hier bist, dann nimmst du den Bachelor-Eingang.«

»Okay«, sage ich nachdenklich. »Und was ist, wenn ich mit einer Freundin essen gehe?«

Bilal legt seinen Kopf ein wenig schief und scheint nachzudenken. »Das kommt nicht so oft vor«, sagt er dann. »Aber das wurde vor Kurzem geändert. Wenn sich unverheiratete gemischte Gruppen, also mit Männern und Frauen treffen, dann gehen die auch durch den Familieneingang. Aber das macht kaum jemand«, fügt er schulterzuckend an.

Es ist irre, dass man Frauen und Männer so separiert in diesem Land. Auch beim Fußball, fällt mir im Nachhinein auf, waren überhaupt keine Frauen dabei. Wobei das auch bei uns nicht arg verwunderlich wäre. Trotzdem gibt es bei uns im Hobbyfußball immer ein paar Frauen, die mitspielen. Zumindest wenn es kein Verein ist.

»Bismillah«, sagt Bilal und bedeutet mir, mich am Backhähnchen vor mir zu bedienen. Ich muss zugeben, das kräftig gewürzte Huhn schmeckt besser als ich erwartet hätte. »Albaik ist schon eine Kette, oder?«, frage ich Bilal, der mit vollem Mund nickt.

»Es ist die beste Kette bei uns«, fügt er an, als er runtergekaut hat. »Wenn deine Nachbarschaft einen Albaik hat, dann lebst du in einem guten Viertel.«

»Ich hätte wirklich nicht gedacht, dass es in Saudi-Arabien so viel Fastfood gibt. Und die ganzen amerikanischen Läden, die hier sind.«

»Wir sind Fastfood-Könige«, erwidert er grinsend. »Aber das liegt auch daran, dass die Amerikaner so viel mitgebracht haben.

Die Ölfirmen, die haben ihre Ingenieure hergeschickt und viel aufgebaut«, fügt er an.

Als wir aufbrechen, besteht Bilal darauf, mich heimzufahren – nachdem er auch schon darauf bestanden hat, für mein Essen zu bezahlen.

»Flo, wenn du noch mal sagst, dass das nicht nötig ist, dann darfst du laufen«, sagt er lachend und bringt mich so zum Schweigen. Zweimal war ich Essen hier und beide Male durfte ich nicht zahlen. Die Menschen sind anders als in Iran und die Mentalität ist völlig verschieden. Aber dennoch begegne ich auch in Saudi-Arabien einer unfassbaren Freundlichkeit, der man nicht entkommen kann.

»Hast du eigentlich einen Lieblingsverein?«, frage ich Bilal, um das Thema zu wechseln.

»Manchester«, sagt er und wir verbringen einen großen Teil der Fahrt damit, über Fußball zu fachsimpeln.

»Und es gibt keinen arabischen Verein, hinter dem du stehst?«, frage ich schließlich.

»Doch, klar«, ruft er aus, empört über sich selbst, dass er nicht daran gedacht hat. »Al-Hilal. Warte kurz.« Bilal parkt das Auto vor meinem Hotel und kramt dann in seiner Tasche. »Hier«, sagt er und gibt mir einen blau-weißen dreieckigen Aufnäher. »Für dich. Das ist mein Verein. Behalte das, das bringt dir Glück.«

»Danke dir«, sage ich diesmal ohne Widerrede. »Ich bewahre es in meinen Geldbeutel, dann habe ich es immer bei mir.«

Was für ein erster Tag in Saudi-Arabien. Den darauffolgenden Tag in Dschidda gehe ich etwas gemächlicher an. Ich nehme mir den laut Google Top 3 Sightseeing-Spot in Dschidda vor: die Red Sea Mall. »Wieder wie in den USA«, spreche ich in die Kamera, als ich vor Abercrombie & Fitch stehe. »Sogar der Geruch, exakt gleich«. Die Einkaufspassage ist eins zu eins aus westlichen Ländern abgekupfert, es gibt nichts, was es bei uns nicht auch gäbe. Außer natürlich eine kleine Eigenheit. »Wieder zwei Eingänge«, lasse ich die Linse wissen und deute hinter mich.

Am Abend treffe ich mich mit einem Couchsurfer, der mir die Altstadt zeigen möchte. Er heißt Jamal. »Ich bin Inder«, sagt er, als ich ihn frage, ob er in Saudi-Arabien geboren ist. »Meine Kinder werden auch Inder sein«, sagt er schulterzuckend und erklärt mir daraufhin das saudische Einwanderungsrecht. »Ausländer sind

بقالة البركة
AL-BARAKHA STORE
AL-BALAD dist. /2

Die Altstadt Dschiddas, auch bekannt als die Pforte nach Mekka, ist seit Jahrhunderten unverändert.

willkommen, Gastarbeiter auch. Aber Einwanderung, sodass Ausländer zu Saudis werden, das gibt es hier nicht.«

Wir schlendern durch Dschiddas Altstadt, die, wie soll ich sagen, anders ist als der Stadtteil, in dem mein Hotel steht. Während dort alles blitzt, glänzt und brandneu ist, ist die Altstadt in einem desolaten Zustand. Es ist deutlich mehr, wie ich mir Saudi-Arabien vorgestellt habe, bevor ich hierher gekommen bin. Alles ist staubig, die Straßen sind teils aufgerissen und haben große Löcher im Kopfsteinpflaster, an den Häusern platzt der Putz von den Wänden und in kleinen Gassen hängt die Wäsche zwischen den Fassaden, während am Boden die Mülltüten vergammeln. Die Altstadt Al Balad ist nicht sonderlich gut gepflegt und verdient von keinem Reiseführer der Welt einen Schönheitspreis. Trotzdem spüre ich hier deutlich mehr das arabische Flair, das ich mir vor meiner Anreise vorgestellt habe. Das Leben scheint hier anders zu verlaufen, als in dem modernen Teil der Stadt.

Los Angeles oder Dschidda? Die berühmte Waterfront ist eine mit Palmen gesäumte Strandpromenade mit Moscheen.

Jamal führt mich derweil in ein Restaurant, das er mir zeigen möchte. Ich dagegen begreife immer noch nicht ganz, was er damit meint, wenn er sagt, dass es keine Einwanderung gibt. »Aber du bist schon hier geboren, oder?«, frage ich ihn, woraufhin er nickt. »Und warst du je in Indien?«

»Nein«, erwidert er lächelnd. »Ich habe mit Indien nichts zu tun, ich kenne das Land gar nicht.«

»Du darfst aber hierbleiben, nicht wahr?«

»Solange ich arbeite«, entgegnet er mir und gibt für uns beide eine Bestellung auf.

»Also wenn du keinen Job mehr hast ...«

»... dann muss ich gehen. Ja.« Er schließt den Satz mit einem leicht resignierten Gesichtsausdruck ab. Im Grunde, denke ich, ist Jamal heimatlos. Würde er nach Indien abgeschoben werden, dann wäre er entwurzelt. Sein »Heimatland« ist ein Land, mit dem er überhaupt keine Verbindung hat. Er kennt in Indien niemanden und findet sich auch nicht zurecht. Ich kann nicht anders, als an meine eigene Situation in Deutschland zu denken. Mein Leben lang, oder zumindest seit ich aus den USA zurückgekommen bin, hatte ich das Ziel, aus Deutschland auszuwandern. Ich habe mich mit manchen Aspekten der Kultur nicht identifiziert – die Regelgläubigkeit, die Ordnungsliebe und für alles benötigt man irgendeinen Schein. Andererseits merke ich, je länger ich im Ausland bin, dass ich immer noch eine tiefe Verbindung mit meinem Heimatland, die auf mehr als nur meine Familie zurückgeht. Anders als Jamal bin ich kein Heimatloser, sondern ich pflege lediglich eine gesunde Distanz zu meiner Heimat.

Als plötzlich die Lampe über uns ausgeht und der Rollo vor dem Schaufenster runterlassen wird, werde ich aus meinen Gedanken herausgerissen. »Müssen wir aufstehen?«, frage ich irritiert und blicke auf das köstlich duftende Essen, das soeben serviert wird.

»Nein, nein«, erwidert Jamal und winkt ab. »Es ist Gebetszeit, da müssen alle Läden in der Altstadt zumachen. Aber wir dürfen mittlerweile sitzen bleiben. Da ist die Polizei in den letzten Jahren lockerer geworden.«

»Wieso Polizei?«, frage ich naiv.

»Na die Religionspolizei«, sagt mein Gegenüber schmunzelnd. »Früher musste jeder in die Moschee. Das haben die kontrolliert.«

Auf meinem Weg zurück ins Hotel grüble ich immer noch über die Widersprüche in diesem Land. Jamal meinte, dass die meisten

Saudis, die ich bisher getroffen habe, gar keine Saudis waren. Sondern Pakistani, Inder und andere Nationalitäten. Trotzdem laufen sie alle in der typischen Saudi-Kluft rum, mit weißer Kutte und Kappe auf dem Kopf. Und auch dieses Extrem zwischen Tradition und Moderne macht mich fertig. An der Uferpromenade ist alles modern, voll Prunk und Protz, es gibt ganze Straßen für Fußgänger und Fahrradfahrer (die nicht benutzt werden, außer von mir). Und direkt daneben liegen alte Teppiche auf der Wiese, damit die Menschen rechtzeitig beten können, wenn sie unterwegs sind. Einfach irre. Jamal setzt dem Ganzen noch die Krone auf, als er mit mir auf einen Parkplatz fährt. »Mach jetzt lieber die Kamera aus, Flo, die Regierung möchte nicht, dass das hier fotografiert wird.«

Ich mache, was er sagt und blicke mich neugierig um. »Und warum genau darf das hier nicht abgelichtet werden?«, frage ich vorsichtig, mit Blick auf die karge und nichtssagende asphaltierte Fläche um uns herum. Jamal lächelt gequält und deutet dann auf einen Gullydeckel in der Mitte des Parkplatzes. »Weißt du was das ist?«

Ich schüttle den Kopf.

»Das ist der Chop-Chop Place«, sagt er trocken.

»Okay«, sage ich und blicke ihn irritiert an. »Ich verstehe nicht ganz.«

Jamal lacht jetzt nicht mehr und macht eine eindeutige Geste. »Chop-Chop, du weißt schon.« Er fährt sich mit dem Finger über den Hals. »Da werden Gefangene hingerichtet.«

Jamal lässt den Motor wieder an und wir sprechen erst wieder, als wir auf dem Highway sind. »Jeder weiß es, was dort passiert«, erklärt er mir dann. »Aber wer dort Bilder macht, wird bestraft. Gefängnis oder Stockhiebe und so.«

»Warst du schon mal bei einer Hinrichtung?«, frage ich schließlich, woraufhin er den Kopf schüttelt.

»Ich finde es verbrecherisch«, sagt er dann und zuckt die Schultern. »Aber für die Menschen hier gehört das dazu.«

Es reicht mir erstmal mit Dschidda, entscheide ich, nachdem mich das flaue Gefühl in der Magengegend auch im Hotel nicht verlassen hat. Für den morgigen Tag buche ich mir einen Zug nach Medina. Noch vor einem Jahr hätte ich die Stadt gar nicht erst besuchen dürfen, weil sie zu den heiligen Städten des Islam gehört. Ich bin gespannt, was mich dort erwartet.

Ein Fußballstar auf Abwegen in Medina

Der Zug nach Medina ist hochmodern, geht mitten durch die Wüsten und ist fast voll. Neben mir sitzt »Alex«, wie sich mein Sitznachbar vorstellt. Er ist Australier und macht in Saudi-Arabien Urlaub.

»Dann bin ich ja doch nicht der erste Tourist«, sage ich mit gespielter Enttäuschung und er klopft mir aufbauend auf die Schulter. »Ich habe früher hier gelebt«, sagt er mir augenzwinkernd, »also zähle ich nicht.«

Alex hat geschäftlich schon einige Jahre in Saudi-Arabien gelebt und nutzt das neue Touristenvisum, um Freunde von damals zu besuchen. Medina ist sein letzter Halt, bevor er wieder nach Hause fliegt. »Da fällt mir ein«, sagt er und zieht sein Smartphone raus: »Ein Bekannter hat mir eine Nachricht geschickt. In Riad suchen sie westliche Darsteller für ein Shooting in ein paar Tagen. Covid-19 macht denen wohl Probleme, jemanden zu finden. Wenn du magst, leite ich dir die Nachricht weiter.«

»Klar«, sage ich. »Schick einfach.«

Wir verabreden uns für den nächsten Tag in der Innenstadt, für ein bisschen Sightseeing. Während ich warte, rinnt mir der Schweiß die Stirn runter. Es ist Februar und kühl in Saudi-Arabien – im Verhältnis zum Sommer, möchte ich anfügen. Die Auswahl in meinem Rucksack lässt mir aber keine andere Wahl, als meine üblichen Reiseklamotten anzuziehen. Ein schwarzes T-Shirt und Jeans. Nach fünf Minuten in der prallen Sonne vergehe ich in meiner Kluft. Da hätte ich früher dran denken können.

Alex dagegen hat eindeutig mehr Erfahrung, was Reisen in Saudi-Arabien angeht. Seelenruhig spaziert er auf mich zu, mit weißer Kappe und weißer Gewandung, die bis zum Boden reicht. Wäre er nicht von Natur aus blass und mit einem leichten Rotstich in den Haaren, hätte ich ihn für einen Saudi gehalten.

»Salam alaikum«, begrüße ich ihn lachend und wir machen uns auf den Weg. Wir haben beide keinen Plan, was wir genau ansehen möchten, und schlendern ein wenig durch die Innenstadt. Zwischen den Häuserschluchten mit den sandfarbenen Fassaden erkenne ich in einigen 100 Metern Entfernung eine Erhebung. »Sind da Ruinen drauf?«, frage ich Alex, der ebenfalls aufmerksam darauf geworden ist.

»Keine Ahnung. Sollen wir uns das näher ansehen?«

Gesagt, getan. Der Hügel mitten in der Stadt ist unbebaut und wenig befestigt, aber zum Glück haben wir beide festes Schuhwerk an.

»Bald haben wir es geschafft«, meine ich und drehe mich zu Alex um, der den Ausblick über Medina genießen möchte.

»Hörst du das Hupen?«, fragt er mich irritiert.

»Verkehr, wahrscheinlich?«, sage ich noch und sehe dann weiter unten drei Männer hinter uns herlaufen. »Oder auch nicht«, füge ich an.

»Ich glaube, das sind Polizisten«, murmelt Alex und wir blicken uns beide ratlos an. »Hast du irgendein Schild gesehen, dass wir hier nicht hochgehen dürfen?«

Ich schüttle den Kopf. Die Männer in ihrer beigen Uniform gestikulieren ausholend mit den Armen und machen uns deutlich, dass wir runterkommen sollen. Ich zucke mit den Schultern und gehe vorsichtig über die staubigen Steine bergab. Kaum haben wir die Polizisten erreicht, formieren sie sich um uns herum und begleiten uns bis zu ihrem Auto. Der älteste von ihnen, ein großer Mann mit mächtigem Schnauzbart, mustert uns von oben bis unten und beginnt dann, uns in einem Wahnsinnstempo auf Arabisch anzuschreien. Immer wieder deutet er auf den Berg und dann wieder auf den Boden und ich bekomme eine grobe Vorstellung davon, was er uns sagen möchte. Der Polizist schnauft schließlich schwer und blickt uns auffordernd an.

»No Arabic«, sage ich und zucke mit den Schultern. Der Mann blickt mich fassungslos an und richtet sich dann an Alex, auf den er in seinem weißen Gewand offenbar größere Hoffnung setzt.

»Wir könnten Google Translate nutzen«, schlage ich vor, als Alex nach ein paar Brocken Arabisch nur verständnisloses Kopfschütteln der drei Beamten erntet. Noch ehe ich meinen Vorschlag in die Tat umsetzen kann, deutet der Polizist auf meinen Rucksack und sagt dann: »Passport, your Passport«.

»Das verstehe ich«, sage ich leise, krame in meinem Rucksack und reiche ihm die Kopie meines Reisepasses. Während er mit Alex' Dokument zufrieden zu sein scheint, blickt er mich wieder mit großen Augen an. »This no Passport«, ruft er dann laut aus. Ich versuche ihm zu erklären, dass mein Pass im Hotelzimmer liegt und er nur eine Kopie davon in der Hand hält. Der Mann scheint sich aber nur noch wenig dafür zu interessieren, was ich zu sagen habe. Er reißt mir meinen Rucksack aus der Hand und auch die beiden Kollegen fangen an, uns von oben bis unten zu durchsuchen.

Alex versucht sich unterdessen noch mal an seinen Arabischkenntnissen, was den Anführer der drei immerhin dazu verleitet, von meinem Geldbeutel abzulassen und einen näheren Blick auf die Kopie des Reisepasses zu werfen. Sein Kollege, der derweil meinen Geldbeutel übernommen hat, scheint etwas gefunden zu haben. Er bedeutet den anderen beiden, zu ihnen zu kommen, und er zeigt ihnen offenbar etwas Brisantes. Alle drei taxieren mich jetzt mit einem durchdringenden Blick, der nichts Gutes verheißt. Alex sieht mich vielsagend an. »Hast du irgendwas dabei? Drogen?«, flüstert er besorgt, sodass nur ich es höre. Ich schüttle ahnungslos den Kopf. Schließlich hebt der Ältere von ihnen seine Hand und zeigt mir den blauen Aufnäher, den ich von Bilal geschenkt bekommen habe.

Ich schalte sofort. »Ja, Al Hilal«, rufe ich laut und klopfe auf meine Brust. »Mein Verein, Al Hilal«. Die drei Männer gucken zuerst völlig entgeistert und fangen dann an zu lachen. »Al Hilal, Al Hilal Football Club?«, fragt der Ältere.

»Ja, ich gehöre zur deutschen Fangemeinde«, sage ich selbstbewusst und er scheint mich sogar zu verstehen. Er nimmt erneut meine Ausweiskopie in die Hand. »Müller«, sagt er dann überlegend und deutet auf mich. »FC Bayern, Müller?«

Ich stutze kurz, ehe ich verstehe, was er meint. Ich entscheide, alles auf eine Karte zu setzen. »Ja, ja, Müller, Thomas Müller«, rufe ich und er nickt. »Ist mein Cousin«, flunkere ich mit ernstem Gesichtsausdruck. Wieder blickt er mich ungläubig an. Um meine Geschichte zu untermalen, deute ich aufs Smartphone, woraufhin er nickt. Ich google Thomas Müller und zeige ihm das Bild. »Mein Cousin«, sage ich noch mal. Alex, der mein Vorhaben durchschaut hat, übersetzt eifrig ins Arabische. Die drei Polizisten blicken jetzt alle auf das Smartphone, dann auf meinen Pass und sagen dann etwas auf Arabisch. »Ich glaube, er sagt, dass du ihm ja sogar ähnlich schaust«, übersetzt Alex. Ich deute noch mal auf meinen Nachnamen im Pass und dann auf den Nachnamen des Bayern-Profis. »See, Müller«, sage ich noch mal.

Die Geschichte, die ich den dreien aufgetischt habe, kann ich selbst kaum glauben. Aber ihnen genügt die vermeintliche Verwandtschaft zu einem Bayern-Profi, um mir ihr Vertrauen auszusprechen. Plötzlich behandeln sie uns so freundlich, wie all ihre Landsleute es bisher getan haben. Als sie uns anbieten mit ihnen noch autozufahren, lehnen wir dankend ab. So nett die drei am

MEN'S TOILETS

Medina ist eine Art Melting Pot verschiedener Länder und Kulturen mit einer Gemeinsamkeit: Dem Glaube an die Botschaft des Propheten Mohammeds. Nur einer sticht hervor: ich.

Ende waren, den Kontakt mit der saudischen Polizei möchte ich so kurz wie möglich halten.

Nach der Aufregung gehen wir erstmal Mittagessen, wobei auch das ein kurzes Vergnügen ist. Kaum haben wir unser Essen auf dem Tisch, werden wir aufgefordert, das Restaurant zu verlassen. »Prayer Time«, sagt der Kellner entschuldigend. Anders als in Riad schließen

Die Transformation: Muhanned findet, dass ich zum saudischen Prinzen tauge.

hier wohl alle Läden. »Vermutlich, weil Medina eine heilige Stadt ist, da sind die noch etwas konservativer«, schließt Alex, während wir in Richtung der Moschee des Propheten Mohammed gehen.

Wir gehören sicherlich zu den ersten Nicht-Muslimen, die die Innenstadt Medinas erkunden dürfen. Interessieren tut das niemanden. Der große Fußgängerboulevard hin zur Moschee ist voll von Menschen aus unterschiedlichsten Nationen. Ich sehe die Pilger, die mit meinem Flug in Saudi-Arabien angekommen sind, aber auch Inder und Pakistani, Asiaten, Türken und ein paar Europäer. Die allermeisten tragen traditionelle Kleidung und ein Erkennungszeichen, das sie einer Reisegruppe zuordnet. Sogar einige Iraner sehe ich zu meiner Überraschung, erkennbar an dem traditionellen Gewand der iranischen Frauen, dem Tschador.

Die Moschee betrachten wir nur von außen. Weder Alex noch ich haben Lust, uns erneut mit der Saudi-Polizei anzulegen, denn das Betreten des Innenbereichs ist für Nicht-Muslime verboten. Trotzdem ist das Areal beeindruckend. Über eine Million Betende passen in den Sakralbau, sagt man, und allein der riesige Vorplatz bestätigt diesen Eindruck. Wie der Muezzin zum Gebet ruft, strömen die Gläubigen ein und flanieren über den wunderschön gestalteten Platz. Die Luft scheint zu vibrieren vor der Ehrfurcht, die die Menschen der islamischen Tradition entgegenbringen. Die warme Nachmittagssonne spiegelt sich im blank polierten Granit und erzeugt einen goldenen Schein über der Szenerie, sodass dieser Ort unreal wirkt. Fast himmlisch, denke ich, wäre da nicht, stilsicher gegenüber der Moschee platziert, der weltliche Anblick von Kentucky Fried Chicken.

Ein Trip in die Wüste

Die Couchsurfing-Gruppe trifft sich an einem Parkplatz am Stadtrand, von wo aus wir uns gemeinsam auf den Weg machen. Muhanned, ein Saudi in Manchester-Trikot, hat den Trip organisiert. Ich komme auf Anhieb mit ihm klar, bis auf eine Kleinigkeit, versteht sich. »Darüber müssen wir noch reden«, sage ich lachend und deute auf sein Trikot.

»Nein, es ist nicht meines, es gehört meinem Bruder«, sagt er entschuldigend. »Ich brenne nur für Al Hilal«, fügt er an. Seit meinem Zusammentreffen mit der Polizei gehöre ich definitiv auch zum Fanclub des saudischen Vereins. Als ich Muhanned die Geschichte erzähle, lacht er. »Ja, wir sind hier alle verrückt nach Fußball«, gesteht er. »Wenn du magst, können wir heute Abend gemeinsam Fußball schauen. Es wird ein Spiel der Saudi-Liga übertragen.«

Bis dahin verbringen wir die Zeit in der Wüste. Ich lasse mir sagen, dass man dorthin fährt, wenn man einen Wochenendausflug unternimmt. Wir gehen wandern, die Saudis gehen in die Wüste. Skurril, denke ich, aber logisch.

»Und was macht man dann so?«, frage ich meinen neuen Freund, der an den Straßenrand des mit Staub und Sand bedeckten Highways deutet, wo ein junger Mann auf einem Pferd sitzt. »Du kannst reiten, auf Pferden oder Kamelen«, sagt er. »Aber die meisten fahren mit dem Auto in die Wüste. Jeder hat Allrad«, führt er aus und zeigt auf die anderen Autos. »Damit kannst du die Dünen auf und ab fahren. Nur rund um Medina geht das nicht so gut«, fügt er an.

Die Wüste bei Medina ist anders als es sich der Durchschnittstourist, wie ich einer bin, vorstellt. Der Sand ist relativ dunkel und es gibt viele Felsen, die teils hundert Meter aus dem Boden hervorstechen. Als wir den befestigten Highway verlassen, fahren wir noch etwa zwanzig Minuten nur über Sand und Geröll, ehe wir am Fuß eines Berges aussteigen. Muhanned und die anderen Saudis rollen Teppiche aus, es werden Teekannen aufgestellt und jeder packt einige Snacks für alle aus.

Wir Nicht-Saudis dürfen nicht helfen, sagen die anderen, weil wir Gäste sind. Neben Alex und mir ist noch ein Schweizer Ehepaar dabei, die touristisch unterwegs sind, und ein Finne, der in Saudi-Arabien arbeitet. Mir scheint, das Couchsurfing hier der Ort schlechthin ist, an dem man Leute kennenlernt und ein paar Verbindungen knüpft.

Unterdessen haben wir uns alle auf den Teppichen niedergelassen. Etwas weiter drüben liegt außerdem noch ein weiterer unbemannter Teppich.

»Was ist damit?«, frage ich die junge Saudi-Frau, die neben mir sitzt.

»Für das Gebet«, erklärt sie und deutet auf die Uhr. »Bald ist es so weit.« Hanni heißt sie, sagt sie, und es ist das erste Mal, dass ich komplett ohne Hemmnisse mit einer Frau in Saudi-Arabien reden

---

Der Ausflug in die Wüste: Der Kreisverkehr im Hintergrund zeigt eine von vielen Absurditäten des Landes.

Die Wüste in Saudi-Arabien ist ein beliebtes Ausflugsziel
für Jugendliche und Familien.

kann. Anders als die anderen Frauen hat sie ihren Gesichtsschleier und das Kopftuch abgenommen, sobald wir die Wüste erreicht haben. »Am liebsten würde ich es immer ausziehen«, sagt sie fast schon schüchtern.

»Ist das in Saudi-Arabien nicht strafbar?«, frage ich verwundert, woraufhin sie ihren Kopf schüttelt.

»Mit der Öffnung für Touristen hat der Prinz einige Gesetze erlassen, die uns Frauen deutlich mehr Rechte geben«, erklärt sie mir. »Wir dürfen jetzt Auto fahren und auch das Kopftuch ist zumindest in der weltlichen Öffentlichkeit keine Pflicht mehr.«

»Und warum trägst du es dann noch?«

Hanni zögert, ehe sie antwortet. »Es ist schwierig. Meine Familie ist nicht sehr konservativ, aber ich bin mir sicher, dass sie es nicht guthcißen würden. Die Gesetze sind noch sehr jung und viele können damit nicht umgehen. Mir würde Ablehnung entgegenschlagen.«

Ich kann ihre Sorge nachvollziehen. Gegenüber von uns sitzt ein weiteres Saudi-Paar, offensichtlich ein Ehepaar. Ich sehe an ihrer verkrampften Haltung, dass sie sich nicht wohl fühlen in der Gesellschaft. Er trägt als einer der wenigen traditionelle Kleidung, während seine Frau komplett verhüllt ist. Nachdem Hanni so offen zu mir war, versuche ich mein Glück auch bei diesen beiden. »Seid ihr öfter mit der Couchsurfing-Gruppe unterwegs?«

Ich richte mich explizit an die Frau, deren Namen ich nicht kenne. Die Antwort bekomme ich von ihrem Ehemann. »Nein, Muhanned hat uns mitgenommen. Ich kenne ihn von der Arbeit.«

Er erzählt mir daraufhin von seinem Job in einem IT-Unternehmen und ich kann mich durch meine eigene Berufserfahrung in dem Bereich auch ganz gut mit ihm unterhalten. Aber ich empfinde es als verstörend, dass er seine Partnerin komplett aus dem Gespräch ausschließt. Sie sitzt neben ihm, unbeteiligt, und jedes Mal, wenn ich versuche, sie ins Gespräch einzubinden, antwortet ihr Mann.

Die skurrilen Gegensätze, denen ich mich ausgesetzt sehe, verstärken sich noch, als ein großer Teil der Gruppe zum Beten auf den Teppich abseits von uns geht. Fünfzehn Minuten später kommen sie wieder, als wäre nichts gewesen. Es ist hier völlig normal, zu beten, zu jeder Tageszeit und in jeder Gesellschaft. Das gehört für die Menschen in Saudi-Arabien zu den Alltäglichkeiten des Lebens.

Wie versprochen gehen wir abends noch in ein Lokal, um das Fußballspiel anzusehen. Wir sind nur noch ein Bruchteil der ursprünglichen Menge, von uns Ausländern sind nur noch Alex, ich und das Schweizer Ehepaar dabei. Muhanned blickt die beiden entschuldigend an, als wir vor dem Eingang stehen. »Es tut mir leid, hier dürfen nur Männer rein«, sagt er dann. Sein Gesichtsausdruck zeigt, wie unangenehm ihm die Situation ist.

»Meinst du nicht, wir könnten es einfach versuchen?«, schlage ich vor. Er zuckt die Schultern, aber ich sehe ihm an, dass er nicht daran glaubt. Wie prophezeit lässt uns der Wachmann am Eingang hinein – nur die Schweizerin muss trotz aufgezogenem Kopftuch draußen bleiben.

»Damit ist der Abend für uns auch vorbei«, sagt sie etwas wehmütig und ihr Mann nickt. Als sich Muhanned noch mehrmals entschuldigt, winken sie ab. »Das ist nicht deine Schuld, das ist hier eben so«, sagen sie. »Wer das nicht erträgt, sollte nicht herkommen.«

»Aber die Dinge verändern sich. Ihr werden sehen, in ein paar Jahren dürfen Frauen auch hier hinein«, gibt ihnen Muhanned mit.

Wie ich schon in Dschidda festgestellt habe, sind die Saudis ein fußballbegeistertes Volk. Wie tief die Liebe zu diesem Sport geht, erfahre ich am Ende des 90-minütigen Spiels. Als in der Nachspielzeit noch das Ausgleichstor fällt, gibt es einen Aufschrei, wie ich ihn sonst nur aus dem Stadion kenne. Freudenschreie und fassungsloses Wutgebrüll mischen sich und in dem übervollen Lokal brechen erwachsene Männer in Tränen aus, umarmen sich, um sich zu trösten, weil ihr Verein nicht gewonnen hat. Es würde mich nicht wundern, wenn bald eine Fußball-WM in dem Wüstenstaat ausgetragen würde. So begeistert von dem Sport sind, glaube ich, nicht einmal die Deutschen.

»Model für Anfänger« in Riad

Die vergangenen Tage waren extrem voll, weshalb ich in Medina noch einen Ruhetag einlege und einfach mal nichts tue. Am Tag darauf trete ich meine Reise nach Riad an. Meine Geschäftsreise, denke ich ironisch. Für das Fotoshooting, von dem Alex mir erzählt hat, suchen sie nämlich nach wie vor männliche westliche Darsteller. Natürlich kommt mir die ganze Sache ein wenig dubios vor. Nachdem ich mich dort gemeldet habe, sollte ich meinen Lebenslauf, ein

Video von mir und meine Passnummer dorthin schicken. Ich habe noch überlegt, ehe ich die Nachricht abgesendet habe. Was sollte schon groß passieren? Im schlimmsten Fall werde ich ausgeraubt. So reduziert, wie ich meinen Rucksack gepackt habe, wäre der Verlust verschmerzbar – und dafür habe ich vielleicht eine tolle Chance auf ein neues Erlebnis.

Riad gehört zu den teuren Pflastern in Saudi-Arabien. Aus diesem Grund muss ich ein Hotel in einem Außenbezirk nehmen, von dem aus ich knapp eine Stunde in die Innenstadt benötige. Günstige Hostels gibt es in Saudi-Arabien nicht. Mehrfachzimmer scheinen ein Konzept zu sein, das man hier nicht versteht. Als ich meinem Uber-Fahrer via Google Translate erzähle, dass ich Tourist bin, wird er plötzlich ganz aufgeregt und fährt an den Straßenrand ran. Was macht der jetzt?, denke ich mir. Kurz darauf steigt er mit einer großen Kiste Orangen wieder ein und drückt sie mir in die Hand.

»For you«, sagt er mit schwerem Akzent. Ich weiß nicht was ich sagen soll – ich nehme mir eine der köstlich aussehenden Früchte und möchte sie in meine Tasche tun, da deutet er auf die ganze Kiste.

»All you«, macht er mir deutlich.

»Alles?«, entweicht es mir, den Blick ungläubig auf die zehn Kilo schwere Kiste gerichtet. Mein Fahrer nimmt sein Smartphone in die Hand und beginnt eifrig etwas einzusprechen.

»Ich möchte dir diese Orangen geben, weil du solche Orangen in Deutschland nie bekommen wirst«, steht in der Übersetzungsspalte. Ich lege die Hand auf das Herz und bedeute mit einer leichten Verbeugung meinen Dank. Mit Google Translate lässt sich zwar ein bisschen kommunizieren. Aber Sprachlosigkeit kann das Programm nicht ausdrücken.

»Hey Flo, thank you so much for
your application. You got the part!
Please be at Vittori Palace Hotel
Tomorrow (February 14th) at 4 pm.
Bring your best clothes. Kind regards Abby«.

Der Ausblick von der Skybridge im Kingdom Tower in Riad zeigt die Dimensionen der Megacity mit über sieben Millionen Einwohnern.

ERIC KAYSER

Was ist eines der Lieblingshobbies in Saudi Arabien? Einkaufszentren besuchen. Hier kauft man nicht nur die neusten modischen Trends, sondern man verabredet sich für einen Kaffee oder einen Abendspaziergang.

Als ich bei dem beeindruckenden Luxusbau ankomme, bringt mich ein westlich gekleideter Portier in eines der Appartements, die offenbar auch vermietet werden. Im Inneren sieht es aus wie im Backstagebereich einer Modeshow. Überall an den Wänden, vor dem Fernseher und vor den Wandbildern sind vollbehangene mobile Kleiderständer aufgestellt, an denen Modeartikel aller Farben und Größen hängen. Mindestens zehn junge Frauen, alle ohne Kopftuch und in eindeutig nicht Saudi-konformer westlicher Kleidung, eilen schwer beschäftigt zwischen den Kleiderständern und dem Nebenraum hin und her. Die ganze Szene wirkt unfassbar geschäftig und versetzt mich für einen Moment zurück in den hektischen Büroalltag, den ich eigentlich hinter mir gelassen habe. Der ganze Trubel, der passt so gar nicht zu meiner Reise, denke ich und überlege, ob ich einen Rückzieher mache. Bemerkt hat mich ohnehin noch niemand.

»Flo«, reißt mich eine weibliche Stimme aus den Gedanken und ich drehe mich um. Es ist Abby, mit der ich bereits geschrieben habe und die ich von ihrem Profilbild erkenne. Eine schwarzhaarige, vermutlich amerikanische Frau, mit herzförmigem Gesicht und einer freundlichen Mimik. In der Hand trägt sie ein iPad mit Apple-Pencil und ihr lockiges Haar wird von einem einseitigen Headset gehalten, aus dem permanent leise Gesprächsfetzen zu hören sind. Sie mustert mich kurz eingehend von oben bis unten und lächelt mich dann freundlich an. »Super, dass du da bist, du kannst gleich in eine der Umkleiden gehen, dann probieren wir ein paar Sachen aus«, sagt sie dann und deutet in das Nebenzimmer, in dem provisorische Ankleiden aufgebaut sind.

Die Sorge mit meiner Garderobe ist ziemlich schnell verflogen, nachdem ich das fünfte Kleidungsteil in Folge anprobiere. Zwischen den Anproben muss ich immer wieder raustreten, wobei es keinen Spiegel in dem Raum gibt. Stattdessen werde ich eingehend von Abby und zwei ihrer Kolleginnen betrachtet, als hätten sie ein genaues Bild davon im Kopf, wie ich auszusehen habe. »Mmh, vielleicht versuchen wir es noch mit einer Ledertasche, um den Look abzurunden«, sagt Abby schließlich und eine der anderen Frauen holt sofort eine rustikale Männerhandtasche. »Halte sie mal so, als ob du den ganzen Tag unterwegs wärst und da deine Wertsachen drin sind«, weist sie mich an und ich posiere entsprechend. »Jetzt so, als ob du überhaupt keine Angst hättest, dass sie dir jemand stiehlt«, fügt sie dann lächelnd an. Ertappt dreinblickend nehme ich meine rechte Hand von dem Magnetverschluss. »Du bist hier in Saudi-Arabien, hier stiehlt niemand. Hier gibt es alles, jeder hat alles. Das ist das, was wir vermitteln wollen. Genau so«, sagt sie dann und drapiert meinen Hemdkragen, sodass er etwas lockerer aussieht. Ich blicke an mir herunter und stelle fest, dass ich gar nicht so weit von mir selbst entfernt bin. Abby hat mich in einen Durchschnittsurlauber mit zweifelhaftem modischem Geschmack verwandelt, zumindest was die Handtasche angeht, die von meiner Schulter hängt. Die Lederschuhe sehen aus, als hätte sie jemand zuvor noch in Sand getaucht, damit sie den richtigen Used Look haben und das blaue Hemd ist nur geringfügig hübscher als mein eigenes.

»Okay, wo gehe ich jetzt hin?«, frage ich schließlich, als sich meine Stylistinnen von mir abwenden, um das nächste Model anzukleiden. »Achso, nach Hause«, ruft mir Abby aus dem nächsten Raum zu, wieder mitten im Gespräch. »Ich schicke dir gleich die Adresse, wo das Shooting stattfindet. Bitte nimm deine Kleidung genau so morgen mit.«

Hochzeit wider Willen

Mein Uber-Fahrer blickt mich zunächst irritiert an, als ich mit einer mit Orangen bepackten Handtasche in sein Auto steige. »Möchtest du?«, frage ich, woraufhin er freudig zugreift. Die Uber-Fahrten in Saudi-Arabien sind immer ein Erlebnis, weil die Fahrer so freundlich sind. Abdul, mein jetziger Fahrer, freut sich so sehr über die Orangen, dass er darauf besteht, mich zum Frühstück einzuladen. »Es ist niemand pünktlich außer du, Flo«, sagt er, als ich ihn auf meinen Termin hinweise. »Nur die Deutschen sind pünktlich.« Ich lasse das einfach mal so stehen und versuche, stattdessen entspannt den unglaublich starken arabischen Kaffee zu genießen, den er mir in seinem Haus serviert. Wie ich mich so umsehe, denke ich nicht, dass Abdul arbeiten müsste. Wir befinden uns in einer Art Foyer in einer mehrgeschossigen Wohnung, die offensichtlich einer ausgesprochen wohlhabenden Familie gehört. »Ich fahre nur zum Spaß«, sagt Abdul, als ich ihn vorsichtig darauf anspreche, ob er hier alleine wohne. »Die Wohnung hat mehrere Appartements, sodass meine ganze Familie Platz hat.« Ein Hausdiener serviert uns Häppchen und nachdem ich mich satt gegessen habe, machen wir uns wieder auf den Weg.

Auch wenn ich rund vierzig Minuten zu spät an dem vereinbarten Treffpunkt bin, lädt Abdul mich an einem völlig verlassenen Haltepunkt vor den Toren der Stadt Diriyya ab. Die sandfarbene Stadtmauer sieht alt und teils sehr baufällig aus. Kaum ein Geräusch dringt aus der Stadt hervor und ich bin mir nicht sicher, ob hier überhaupt jemand lebt. Nur ein paar Meter entfernt von mir stehen mehrere Polizisten, die den einzigen Weg in die Stadt abgeriegelt haben. »Wir können hier nicht weiter«, sagt Abdul. »Ein Prinz ist in der Stadt, deshalb darf niemand rein.« Abdul gibt mir seine Nummer, für den Fall, dass niemand mehr kommen sollte, aber er stimmt mich zuversichtlich. »Hier ticken die Uhren etwas anders, weißt du«, sagt er, ehe er seinen Motor aufheulen lässt und eine Staubwolke zurück nach Riad hinter sich herzieht.

Eine Kiste voll Orangen als Willkommensgeschenk.
Mein Uber-Fahrer hat es gut mit mir gemeint.

Nur zehn Minuten später kann ich am Horizont erkennen, wie sich mehrere Autos und zwei gigantische Wohnwägen der Stadt nähern. »Das scheint wohl eine größere Veranstaltung zu sein«, murmle ich zu mir selbst. Auch die Polizisten deuten auf die herannahende Wagenkolonne und bringen sie zum Stehen. Der Fahrer des ersten Wagens redet kurz mit den Polizisten, zuckt mit den Schultern und spricht dann in ein Walkie Talkie. Nur wenig später tummeln sich rund um mich herum etliche Leute unterschiedlicher Nationalitäten, die alle Englisch reden.

»Flo, du hast es gefunden«, höre ich Abby, die lächelnd auf mich zuläuft – wie gestern auch mit Headset auf dem Kopf, nur diesmal unter einem Hut versteckt.

»Ja, ich bin froh, dass ich hier nicht gestrandet bin«, erwidere ich lachend und sie winkt ab. »Wir wurden aufgehalten, wegen des Prinzen in der Stadt. Aber er sollte bald weg sein. Warst du hier schon mal?« Sie deutet auf die heruntergekommene Stadtmauer. Ich schüttle den Kopf. »Was ist das hier für ein Ort?«, frage ich interessiert.

»Diriyya ist die alte Königsstadt. Die Familie Al Saud kommt von hier, sie ist heute nicht mehr bewohnt. Perfekt für das, was wir vorhaben also«, sagt sie augenzwinkernd. Bevor ich weiter nachfragen kann, beginnt sie zusammenhangslos zu reden und ich merke schnell, dass sie ins Headset spricht. Schon kurz darauf bedeuten die Fahrer des Konvois allen Leuten, sich wieder in die Autos zu begeben, wobei ich mir noch einen freien Platz in einem Jeep ergattern kann.

Die Stadt ist wie ausgestorben. Es gibt keine Autos und keinerlei Infrastruktur, die meisten Straßen sind nur aus festgetretenem Sand oder Pflastersteinen. An einem großen Platz stellen wir die beiden Wohnwägen ab, es werden Pavillons aufgebaut, Regiestühle aufgestellt und mehrere Kameraleute überprüfen ihr Equipment. Aus der Entfernung sehe ich, wie mir Abby winkt und auf einen der Wohnwägen deutet.

»Hast du alles dabei? Da drin kannst du dich ankleiden und in die Maske gehen. In 90 Minuten geht es los, bis dahin gibt es hier draußen noch ein paar Häppchen.«

»Hat der Prinz die Stadt verlassen?«, frage ich augenzwinkernd und Abby nickt leicht genervt. »Lass ein Mitglied der königlichen Familie in hundert Kilometer Umkreis sein und du kannst alle Pläne über den Haufen werfen«, sagt sie seufzend. »Aber wir hatten Glück, es klappt alles wie am Schnürchen. Wurdest du schon gebrieft oder hast du irgendwelche Fragen?«, fügt sie an und sieht mich auffordernd an.

»Ähm, nein, also ehrlich gesagt habe ich keine Ahnung, was das hier ist.«

Sie lacht kurz. »Das ist okay. Wir machen ein Shooting für die Tourismuskampagne von Saudi-Arabien. Kurze Spots, die auf der ganzen Welt im Fernsehen laufen. Das hier ist unsere dritte Station, die Zielgruppe des heutigen Spots sind Familien. Du stellst einen Familienvater dar, der gemeinsam mit seiner Frau und seiner Tochter die Tourismussensation von Saudi-Arabien besucht: die glanzvollen Ruinen der Königsstadt Diriyya.«

Sie untermalt ihre Beschreibung mit einer ehrfürchtigen Stimme, die mich dazu veranlasst, meinen Blick umherschweifen zu lassen. Ruinen kann ich einige sehen, aber glanzvoll ist hier beim besten Willen nichts. Als hätte sie meine Gedanken gelesen, fährt Abby mit ihrer Erklärung fort. »Die Regierung saniert im kommenden Jahr die ganze Stadt, da muss noch eine Menge passieren. Aber für die Kamera ist es perfekt«, fügt sie an. »Jason Bock, der Regisseur, kann aus allem etwas zaubern. Er hat gerade erst mit Benedict Cumberbatch einen Werbefilm gemacht, absolut genial. Du lernst ihn nachher am Set kennen. Hast du sonst noch Fragen?«

»Du sagtest etwas von Frau und Kind …?«, frage ich verunsichert.

»Oh, klar, komm mit«, sagt die Regieassistentin und führt mich in den Wohnwagen, wo eine dunkelblonde Frau und ein etwa achtjähriges Mädchen bereits in der Maske sitzen. »Darf ich vorstellen, Flo, das ist Katharina«, Abby deutet auf die Frau, »und Rada, ihre Tochter. Ihr seid heute eine Familie«, fügt sie freudestrahlend an. »Ich überlasse euch mal euch selbst, wir haben noch eine Menge zu tun, bevor es losgehen kann.«

Als Abby den Wohnwagen verlassen hat, geht die Stylistin ebenfalls mit und lässt uns drei in einer merkwürdigen Stille stehen. »Orange?«, sage ich und ziehe aus meiner Umhängetasche eine der unzähligen Orangen, die mir der Uber-Fahrer geschenkt hat.

»Daddy«, sagt das kleine Mädchen und blickt mich mit ihren riesigen blauen Augen an. Für einen Moment habe ich den seltsamen Drang, wegzulaufen.

»Rada, sei nett«, sagt daraufhin Katharina und sieht ihre Tochter mit strengem Gesichtsausdruck an. Rada fängt derweil an zu kichern und versteckt sich hinter ihrer Mutter. Sie nimmt aber dankend meine Orange entgegen. »Es tut mir leid«, sagt Katharina mit hörbarem russischem Akzent. »Wir sind schon ewig unterwegs und hier gibt es wenig Gelegenheiten für sie zu spielen.«

»Alles gut«, sage ich und winke ab. »Das ist hier ja auch alles ziemlich aufregend. Wahnsinn, was die auffahren für so einen Werbespot, oder?«

Katharina nickt. »Die meisten Darsteller sind aus dem Ausland extra angeflogen worden. Uns haben sie das Ticket von Dubai gezahlt.«

Als wir fertig geschminkt und angezogen als Familie am Set stehen, ist es nach Mittag. Wir wurden in den Innenhof eines höher gelegenen, ziemlich verfallenen Hauses gebracht und stehen verloren in der Gegend, während sich um uns herum alles bewegt. Ein junger Mann, kaum älter als ich, mit kahlgeschorenem Schädel kommt auf uns zu und begrüßt uns. »Hallo ihr drei, wunderbar dass ihr da seid und dass das alles geklappt hat. Ich bin Jason, der Regisseur, ihr werdet jetzt immer wieder Anweisungen von mir oder dem Kameramann hören. Sagt einfach Bescheid, wenn ihr etwas nicht versteht, okay?«

»Klar«, sage ich und auch die kleine Rada nickt ganz gefasst. Während Jason wieder zurück zu seinem Regiesitz geht, beschleicht mich der Verdacht, dass hier irgendwas nicht stimmt. Es sind über fünfzig Leute am Set und die meisten sind definitiv Schauspieler, die ähnlich gekleidet sind wie wir, manche auch in langen Saudi-Gewändern. Aber außer uns hat Jason niemanden begrüßt. Auch der Fotograf, ein Franzose, scheint sich ausschließlich mit uns zu beschäftigen. Immer wieder werden wir an andere Stellen geschoben und wir bekommen ständig Anweisungen. »Jetzt nach oben schauen«, »jetzt wieder nach unten«, »jetzt schau deine Tochter an. »Da stimmt was nicht«, ruft plötzlich der Fotograf und fügt ein lautes »Merde« an. Er deutet auf meine Hände und auf die Katharinas und nur wenige Augenblicke später kommt die Regieassistentin mit hochrotem Kopf angelaufen. »Eure Hände bitte«, sagt Abby und zieht aus einer Tasche ein paar Ringe. »Bitte später einfach in der Garderobe wieder abgeben«, murmelt sie dazu, während sie mir einen schlichten silberfarbenen Ring ansteckt und Katharina einen ähnlichen Ring mit deutlich sichtbarem Stein darauf. »Ich denke, jetzt ist es offiziell«, sage ich zu Katharina, die mich belustigt anblickt.

»Okay, wir können anfangen«, höre ich jetzt die Stimme von Jason über das Set schallen und all das Geschnatter und Geknipse hört plötzlich auf. »Ready, Set – Action«, schreit der Regisseur und wirft seinen Arm wie ein Lasso in meine Richtung. »Flo, du machst es klasse, aber wir brauchen dich und deine Familie noch einmal vor dem Aussichtspunkt. Stellt euch mitten in die Statisten.«

Ich schaue zu Katharina, die die Schultern zuckt und neben mir zum angeforderten Platz läuft. »Sag mal, täusche ich mich, oder dreht sich hier alles nur um uns?«, frage ich schließlich meine Gattin, die ebenfalls etwas irritiert um sich blickt.

»Ich glaube, du hast recht«, flüstert sie mir zu, ehe wir wieder posieren müssen. Abby, die neben ihrem Headset nun auch noch ein Walkie Talkie in der Hand hält, gibt uns immer wieder die Anweisungen des Kameramanns weiter.

»Hast du schon mal bei sowas mitgemacht?«, fragt mich die Gattin.

»Ähm, nein, ich bin eigentlich kein Schauspieler, sondern …«,

»Nimm die Hand deiner Frau, Flo«. Der Regisseur unterbricht mich und ich blicke Katharina entschuldigend an. Die aber greift beherzt zu. »Jetzt etwas näher zusammen«, woraufhin ich einen kleinen Schritt in Richtung meiner Frau und Tochter gehe. »Rada, blick zu deinem Papa nach oben, so als ob du ihn bewundern würdest«, richtet Jason nun an meine Stieftochter, deren Mama schnell ins Russische übersetzt. Die Kleine scheint ein Naturtalent zu sein, so überzeugend wie sich mich anstrahlt. Für einen kurzen Moment fühle ich mich, als wäre ich wirklich schon Vater.

Glücklich über die gelungene Szene bedeutet der Regisseur nach etwa einer Stunde Filmarbeiten allen zusammenzupacken. »Was machst du eigentlich hier, wenn du gar kein Schauspieler bist?«, fragt mich Katharina, während Abby uns zu einem Elektro-Golfcart bringt, das uns zum nächsten Set fahren soll.

»Ich bin Backpacker«, erwidere ich schulterzuckend und entlocke Katharina ein ungläubiges Lachen.

»Dann hattest du mit so einer Situation vermutlich nicht gerechnet, als du deine Reise angefangen hast, oder?«

Nein, in der Tat, damit hatte ich nicht gerechnet. Das Golfcart bringt uns zu einem alten Palast, auf dem wir ebenfalls noch ein paar Szenen absolvieren müssen. Es stellt sich heraus, dass Katharina, Rada und ich die Familiengesichter der Kampagne sind, die westliche Besucher anlocken soll. Aufgrund der ausfallenden Flüge

durch Corona konnten jedoch die gebuchten Schauspieler nicht eingeflogen werden, weshalb man vor Ort Leute suchte.

Nachdem Jason uns entlassen hat, schlendern wir gemeinsam mit den übrigen Statisten zu Fuß zurück zu den Wohnwägen und betrachten die Stadt mit ihren altertümlichen Häuserfassaden.

»Ich bin gespannt, wie das hier in zwei Jahren aussieht, wenn die das für Touristen hergerichtet haben«, sage ich zu Katharina. Ehe sie mir antworten kann, werden wir von brüllenden Männerstimmen und einer Sirene abgelenkt. »Oh nein, nicht schon wieder«,

Next Stop: Hollywood? Allmählich gewöhne ich mich an die ungewohnte Rolle als Familienvater vor der Kamera.

sage ich, als ich in der Entfernung einige Polizisten sehe, die in vollem Lauf auf uns zukommen. »Was macht ihr hier?«, donnert einer der uniformierten Männer. »Runter, runter von der Straße, sofort«, brüllt ein anderer und sie alle rudern heftig mit den Armen. »Sofort von der Straße, hier rein, los, los, los.« Katharina nimmt ihre Tochter schützend auf den Arm und die ganze Gruppe wird von den militärisch gekleideten Männern in ein nahe gelegenes altes Gebäude gebracht.

»Weiß wer, was los ist?«, frage ich in die Runde, woraufhin zunächst betretenes Schweigen herrscht.«

»Der König fährt hier durch«, sagt schließlich jemand. »Normalerweise räumen die dann die ganze Stadt«.

Und tatsächlich, nur Minuten nachdem uns die Männer in das Haus getrieben haben, fährt eine Kolonne schwarzer Limousinen mit kleinen Flaggen auf der Motorhaube vorbei. »Und ich habe gedacht, heute kann mir nichts Verrückteres mehr passieren«, sage ich laut und alle stimmen mir lachend zu.

Katharina, Rada und ich teilen uns ein Uber zum Abschied. »Das ist dann wohl die Trennung«, sage ich, als die beiden in Riads Altstadt aussteigen.

»Ich verspreche dir, das nächste Mal gibt es eine richtige Scheidung«, erwidert Katharina augenzwinkernd. Rada winkt mir zum Abschied. Als das Uber losfährt, muss ich mich anstrengen, nicht sofort einzuschlafen. Was für ein Tag.

Die alte Königsstadt Diriyya soll eines der Aushängeschilder der Tourismuskampagne Saudi-Arabiens werden. Die unbewohnte Stadt bietet durchaus schöne Einblicke.

Pakistan

Islamabad: Hauptstadt nach Plan

»Hey Flo, you still in Riad? Yesterday I met a YouTuber called Jacob Laukaitis. Ever heard of him?«

Die Mall im Kingdom Tower in Riad sieht im Grunde aus wie jede andere Mall, in der ich bis jetzt gewesen bin. Bis auf ihre Ausmaße: Der Kingdom Tower ist nämlich riesig. An der Spitze befindet sich ein gläserner Aussichtspunkt, von dem aus man die schwindelerregende Höhe auskosten kann und einen tollen Blick über Riad und die Wüste hat.

Nachdem man in Riad nicht an dem gigantischen Turm vorbeikommt, bin ich nicht das erste Mal hier. Die Tage nach meinem Film-Abenteuer habe ich wenig unternommen. Ich bin durch die Stadt geschlendert und habe mich mit Leuten von Couchsurfing getroffen. Mein Freund Muhanned, mit dem ich mich in Medina sehr gut verstanden habe, hat mich gefragt, ob er einem Jacob meine Kontaktdaten geben darf. Klar durfte er und schon bald war ich ihm ziemlich dankbar.

Bei dem Namen bin ich nämlich stutzig geworden. In der Tat hat sich mein Verdacht bestätigt: Jacob Laukaitis ist ein erfolgreicher Reise-Influencer auf YouTube und hat über eine halbe Million Abonnenten. Seine Videos dreht er regelmäßig in allen möglichen Ecken der Erde. Er hat Kontakt aufgenommen und wir haben einen Treffpunkt in Riad ausgemacht.

Als ich den Tower erreiche, erkenne ich ihn sofort. Am Eingang der Mall steht ein junger Mann in meinem Alter. Er trägt pragmatische

---

Ein Sinnbild für Pakistan: Die leidvollen Erlebnisse spiegeln die tiefen Kerben, die das milde Lächeln nicht verbergen kann.

Reiseklamotten, mit einem kleinen Tagesrucksack und einer großen Systemkamera, die er sich um den Hals gehängt hat.

»Jacob?«, sage ich vorsichtig und er lächelt sofort. »Flo, richtig?«, sagt er ebenfalls auf Englisch. »Schön dich zu treffen«, fügt er an und bedeutet mir, mit ihm in das Einkaufsparadies zu gehen. Wir verstehen uns auf Anhieb und quatschen viel über unsere Reiseerfahrungen in Saudi-Arabien.

Während wir so durch die Mall schlendern, vorbei am Kino und einigen Läden, die nicht anders aussehen als bei uns in Deutschland, überlege ich fieberhaft, wie ich ihm unaufdringlich meine Frage stellen kann.

»Sieh mal«, sagt Jacob, ehe ich mich besinne, und deutet auf einen vergitterten Laden, der gerade nach der Gebetszeit wieder eröffnet wird. »Victoria's Secret«, lese ich laut vor und wir beide müssen lachen. Seit ich hier bin, sehe ich vor allem Frauen, die sich komplett verschleiert durch die Öffentlichkeit bewegen. »Ich wäre nie auf den Gedanken gekommen, diesen Laden hier zu sehen«, sage ich erstaunt.

»Auch verschleierte Frauen wollen sich schön fühlen«, sagt Jacob und zuckt die Schultern, während wir weitergehen. »Außerdem ist das jetzt ja alles erlaubt in Saudi«, fügt er augenzwinkernd an. Wir finden einen Platz im beliebtesten Fastfood-Restaurant Saudi-Arabiens – Albaik –, als ich mich endlich traue.

»Jacob, dürfte ich für einen Tag dein Praktikant sein?«, frage ich beinahe schüchtern. »Nur, um mitzubekommen, wie du arbeitest«, erkläre ich schnell, als ich seinen erstaunten Gesichtsausdruck sehe.

»Ähm«, stottert er und lächelt verschmitzt. »Flo, ich fühle mich sehr geehrt. Aber ich brauche wirklich keinen Praktikanten«, sagt er dann. »Aber einen Freund, der ein paar Tage mitreist, den könnte ich schon gebrauchen«.

Vor ein paar Monaten hätte mir Jacobs Einladung, ein paar Tage mit ihm zu reisen, die Planung völlig durcheinandergeworfen. Aber mittlerweile habe ich mich mental von festen Zielen verabschiedet und lasse die Reise einfach auf mich zukommen. In zwei Tagen würde er nach Pakistan fliegen, meinte Jacob, und mit etwas Glück würde ich noch ein E-Visum bekommen.

Saudi Arabian Airlines sind super interessant. Es ist nämlich die einzige Airline, die eine Gebetsstation an Bord hat. In der Nähe meines Sitzplatzes ist eine große Aussparung mit einem Teppich und einem elektronischen Kompass, der nach Mekka deutet. Obwohl es Saudi Arabian Airlines sind, sind keine Saudis im Flieger, sondern nur Pakistanis. Die ganze Atmosphäre erinnert mich unglaublich an meine Zeit in Indien, das Gewusel, die Farben und die Menschen strahlen diese einzigartige Lebendigkeit aus. Der Flug geht drei Stunden über die Wüste und ich fühle mich kurzzeitig wie auf einem anderen Planeten. Unter uns lebt fast nichts. Es ist einfach nur ein gigantisches Meer aus Sand. »Empty Quarter« nennt man diesen unwirtlichen Fleck, erfahre ich auf meinem Flug.

»Siehst du irgendeinen Touristen?«, fragt mich Jacob, als wir uns in die Schlange zur Passkontrolle stellen. »Nein, aber da vorne messen sie Fieber, glaube ich«, erwidere ich und recke mich ein wenig, um besser zu sehen. Den Nachrichten kann man am Flughafen kaum entgehen und spätestens seit dem Vorfall mit Soleimani habe ich gelernt, als Reisender regelmäßig in die BBC News reinzuschauen.

»Ich glaube, das Virus aus Wuhan bereitet allmählich Probleme«, brummt Jacob, der die Situation ebenfalls verfolgt hat. Das Stirnthermometer schlägt bei keinem von uns an und nach der Kontrolle dürfen wir unser Gepäck holen und machen uns auf ins Stadtzentrum von Islamabad, der Hauptstadt Pakistans.

Islamabad ist eine vergleichsweise junge Stadt. Man hat sie in den 60er-Jahren in einem schachbrettartigen Raster geplant und sich dabei an zahlreichen Faktoren orientiert, um den perfekten Standort zu finden. Entsprechend modern wirkt alles. Ganz anders, als ich erwartet hatte. Alles wirkt sehr aufgeräumt. Die Reminiszenzen an Indien, die ich im Flieger zwischenzeitlich hatte, schwinden und ich stelle mich neu auf das Land ein. Ich bin mir nicht sicher, was ich zu erwarten habe. Alles, was ich über Pakistan weiß, ist, dass Osama bin Laden hier gefasst wurde, dass das Land einen bereits lange andauernden Konflikt mit Indien austrägt und dass zahlreiche Anschläge in den vergangenen Jahrzehnten aufgrund der Taliban passiert sind. Irgendwie passt der Eindruck, den ich vom sauberen und modern wirkenden Islamabad habe, nicht mit diesen Informationen zusammen.

»Ich bin Faisal«, sagt der junge Mann mit den schwarzen lockigen Haaren und deutet auf die beeindruckende Moschee hinter sich. »Und das ist meine Moschee«, fügt er grinsend an. »Die Faisal

Faisal und seine Moschee. Ich bin erstaunt,
wie modern die Architektur des Gotteshauses ist.

Moschee«. Er lacht laut auf und winkt scherzhaft ab. »Willkommen, Freunde«, sagt er dann zu uns und bedeutet uns, ihm zu folgen.

Es ist Samstag, der Tag nach unserer Ankunft, und wir haben uns mit Faisal für heute verabredet. Er wolle uns die Stadt zeigen, meinte er, als ich ihn auf Couchsurfing angeschrieben habe, und er hat uns die wohl berühmteste Sehenswürdigkeit der Stadt vorgeschlagen.

»Wow«, sagt Jacob neben mir, der den Blick ehrfürchtig auf den modernen und monumentalen Bau gerichtet hat. Auch ich finde, dass die Moschee ein besonders schönes und vor allem großes Exemplar ist. Ich muss allerdings gestehen, dass das die gefühlt hundertste Moschee ist, die ich auf meiner Reise besuche. Die Architektur ist zwar immer wieder beeindruckend, aber ich habe gelernt, dass es bei den islamischen Gotteshäusern um etwas anderes geht.

»Ihr habt Glück, dass Samstag ist«, sagt Faisal, während er seine Schuhe auszieht. Obwohl wir uns immer noch auf dem weißen Vorplatz befinden, tun wir es ihm natürlich gleich – und bemerken, dass alle anderen barfuß oder in Socken über den Platz gehen. Es ist wahnsinnig viel los vor der Moschee. Kinder spielen ungezwungen miteinander, junge Männer und Frauen schlendern über den gigantischen Platz oder sitzen auf den Treppenstufen. Sogar im Grünen rund um die Moschee haben sich Menschen niedergelassen, um die milden Frühjahrstemperaturen zu genießen. Unsere Schuhe geben wir in einer eigens dafür eingerichteten Garderobe ab und tauchen in die Menge ein.

Bevor wir den Eingang zur Moschee erreichen, kommen mehrere Menschen neugierig auf uns zu und begrüßen uns. »Woher kommt ihr?«, fragt einer und ein anderer deutet auf meine Kamera. »Kannst du ein Bild von mir machen?«, fragt er freudig und natürlich tue ich ihm den Gefallen. Es dauert nur wenige Minuten und schon haben wir eine riesige Menschentraube um uns herum. »Germany«, höre ich mich selbst immer wieder sagen, so wie Jacob immer wieder »Lithuania«, sagt. Wir werden beide mit Fragen gelöchert, oft in kaum verständlichem Englisch und immer wieder machen Menschen Selfies mit uns. Alle freuen sich unglaublich, dass wir da sind und Faisal übersetzt für uns, damit wir uns zumindest ein wenig unterhalten können. »Welcome« und »Pakistan«, rufen uns viele zu, »You have Facebook? Instagram?«, fragen uns Jugendliche.

»Ich glaube, ich habe kaum etwas von der Moschee gesehen«, sagt mir Jacob und lächelt selig, nachdem wir wieder in einem Uber sitzen. Wir sind beide überwältigt von der Freundlichkeit und der Wärme, mit der wir von so vielen fremden Menschen begrüßt worden sind. »Wohin geht es als Nächstes?«, frage ich Faisal, der dem Uber-Fahrer Anweisungen gegeben hat.

»Zum schönsten Ort Islamabads«, erwidert er mit einem geheimnisvollen Lächeln und blickt wieder nach vorne. Durch die Stadtplanung ist der Verkehr in Islamabad – zumindest auf den großen Straßen – nicht so durcheinander, wie beispielsweise im Iran. Es sind riesige Boulevards mit einer großzügigen Bepflanzung, teils auch Autobahnen, auf denen kaum Autos unterwegs sind. Die Stadt selbst teilt sich in Zonen ein, die keine Namen haben, sondern nur mit Buchstaben gekennzeichnet sind. Straßen haben einfach nur Nummern.

»Der schönste Ort Islamabads« stellt sich als eine Aussichtsplattform heraus, von der aus wir einen perfekten Blick über die ganze Stadt haben. Wir können aus der Entfernung die Faisal Moschee erkennen, das Pakistan Monument und das alles beherrschende Schachbrettmuster, nach dem die Stadt geplant ist. Die gigantischen Boulevards der Stadt vertuschen ein wenig die verarmt aussehenden Viertel. Denn weiter an den Rändern – ebenfalls in perfekte Kastenform gepresst – finden sich auch kleinere Hütten und Bereiche, die aus der Entfernung fast wie Slums wirken.

Der Aussichtspunkt ist im Grunde nur ein breit getretener Platz auf einem Hügel, umgeben von Wald und Wiese. Ähnlich wie auf dem Vorplatz der Moschee sind auch hier Familien, Kinder und Jugendliche, die gemeinsam Zeit verbringen, Cricket spielen, miteinander reden und Tee trinken. Auf und abseits des staubigen Bodens sind kleine Tische aufgestellt, an denen Menschen sitzen und gemeinsam das heiße Gebräu genießen.

Ich bin mir mittlerweile sicher, dass es vor allem unsere Kameras sind, die das Aufsehen der Menschen erregen. Es dauert nicht lange und zahlreiche Augenpaare richten sich auf uns, einige zeigen auf uns und ein paar Männer stehen lächelnd von ihrem Teetischchen auf und kommen auf uns zu.

»Salam alaikum«, begrüßt uns ein alter Mann mit tiefschwarzen, aber traurigen Augen. »Are you journalists?«, fragt er in gutem Englisch. Jacob und ich schütteln beide den Kopf.

»Touristen«, erwidert Jacob und die Männer um uns herum fangen freudig an zu lachen und zu klatschen. »Kommt, kommt«, sagt der Mann und bedeutet uns, an seinen Tisch mitzukommen.

»Kommt, ich lade euch auf einen Tee ein, ihr müsst Tee trinken«, sagt er beharrlich und geht in Richtung der Bäume am Rand des Platzes. Während Jacob den Männern folgt, sehe ich huschende Bewegungen in den Bäumen. »Jacob warte«, rufe ich, aber er scheint mich nicht zu hören. Ahnungslos setzen sich der YouTuber und der Mann an den Tisch, während ich wie erstarrt auf den Baum hinter ihnen Blick. »Alles in Ordnung, Flo?«, fragt mich Faisal, der bemerkt hat, dass ich stehen geblieben bin. Er schaut mich verwirrt an und folgt dann meinem Blick – und fängt an zu lachen. »Flo, das sind nur Affen«, ruft er grinsend, »die tun nichts.«

»Die stehlen nicht?«, frage ich unsicher und Faisal klopft mir sanft auf die Schulter.

»In Pakistan ist jeder freundlich«, versichert er mir lächelnd, »sogar unsere Affen.«

Langsam schlendern wir zu unserem Tee-Gastgeber, dessen Namen ich immer noch nicht weiß, aber der sich bereits intensiv mit Jacob unterhält. »Es stimmt, wir mussten viel ertragen in der Vergangenheit«, höre ich ihn erzählen. »Aber das Leben ist schön und wir lieben Pakistan. Es ist unser Herz«, sagt er und sofort greifen ein paar nahe stehende Männer seinen Spruch auf. »Dil dil Pakistan«, rufen sie freudig und manch einer fängt an zu tanzen. Ähnlich wie bei der Moschee bildet sich bald eine Menschentraube um uns herum und ich versuche, mit den Leuten zu sprechen. Jacob zeigt ihnen seine Kamera und wir lassen uns mitreißen von der Liebe, die diese Menschen für ihr Land haben und der sie mit jeder Faser ihres Daseins Ausdruck verleihen möchten. Sei es durch Gesang, durch das Schwenken großer grüner Landesflaggen oder durch die unvergleichliche Freundlichkeit, die sie ihren Gästen zukommen lassen.

Während wir den Tag mit Faisal beim Abendessen in der Stadt zu Ende bringen, frage ich Jacob nach seinem Gespräch am Nachmittag. »Ich habe ihn gefragt, wie das Leben in Pakistan ist«, sagt Jacob. »Da hat er mir seine Geschichte erzählt. Fast nebenbei«, meint er kopfschüttelnd. »Es gab vor ein paar Jahren einen Anschlag in Islamabad, da hat der Mann seinen Sohn verloren. Seine Frau leidet noch heute unter den Verletzungen.« Mein Mitreisender sieht traurig aus und ich fühle mit ihm. Für die Menschen in diesem Land war der gewaltsame Tod lange Zeit eine alltägliche Bedrohung. Auch wenn Islamabad nicht wirkt wie die Hauptstadt eines Landes, das unter Terror und Armut leidet, erzählt der nähere Blick eine andere Geschichte. Wir nehmen unser Abendessen in keinem besonderen

Restaurant ein, sondern in einem ganz normalen Lokal, das uns ein Einheimischer gezeigt hat. Hier sitzen auch nur Einheimische. Trotzdem steht ein paar Schritte neben unserem Tisch, unscheinbar, aber präsent, ein wachsamer Mann mit einer geladenen Maschinenpistole in beiden Händen. Die Leute lachen, genießen und wirken, als sei das normal, aber wenn man – wie ich – die konstante Sicherheit westlicher Länder als Vergleich hat, dann kommt einem diese Situation unwirklich vor.

Wir sind beide erschöpft von dem Tag und von den vielen Eindrücken, die wir gesammelt haben. Als wir zahlen möchten kommt ein Mann vom Nachbartisch zu uns. »Ich würde gerne für euch zahlen«, sagt er. »Willkommen in Pakistan.«

Wer lacht hier über wen?

Tee trinken bei den Taliban

Faisal hat eine Freundin, die in Peschawar lebt und gelegentlich Couchsurfer aufnimmt. »Ich habe Nabila schon gefragt und sie lädt euch herzlich zu sich ein. Ihr müsst kommen«, sagt er nachdrücklich zu uns, als wir uns von ihm verabschiedet haben. Eine Einladung in Pakistan schlägt man nicht aus und da wir ohnehin keinen Plan zur Weiterreise gemacht haben, entscheiden wir uns, gemeinsam zu Nabila zu fahren.

»Bus oder Zug?«, frage ich Jacob, der daraufhin mit seinem Smartphone winkt. »Careem«, erwidert er grinsend. Das pakistanische Uber ist eine günstige Art zu reisen, aus westlicher Sicht zahlt man auch für lange Strecken relativ wenig. Unser Fahrer holt uns am Hostel – das übrigens im sehr gepflegten Diplomatenviertel liegt, wie ich später herausgefunden habe – ab, und wir lassen Islamabad hinter uns.

Sobald man die gut ausgebauten Straßen Islamabads verlässt, verändert sich die Szenerie schlagartig. Der Asphalt ist schlechter gepflegt und der Verkehr ist deutlich unübersichtlicher. »Drive intuitive«, sagt unser Fahrer lachend, als er unsere angespannten Gesichter sieht. Vor uns hält sich ein Mann an der Heckklappe eines überfüllten Autobusses fest, der gerade ein waghalsiges Überholmanöver durchführt.

»Da wird mir beim Zusehen ja schon übel«, raune ich Jacob zu, dessen entgeisterter Blick an einigen Rikscha-Fahrern hängen geblieben ist, die große Pakete transportieren.

»Naja, die Menschen sind es ja gewohnt hier, wir werden schon lebendig ankommen«, sagt er mit einem unsicheren Ausdruck und ich habe den Eindruck, dass er sich selbst genauso beruhigen möchte wie mich.

Nach etwa zwei Stunden Autofahrt haben wir uns an den Fahrstil auf Pakistans Straßen gewöhnt. Man gewinnt irgendwann eine gewisse Gelassenheit, die vermutlich Teil der pakistanischen Mentalität ist. Schon bald fahren wir durch kleinere Orte und Dörfer und die Verkehrsteilnehmer wandeln sich. Statt Rikschas und Bussen überholen wir häufig Esel, die klapprige Karren ziehen. Obwohl Islamabad sehr fortschrittlich und gut entwickelt gewirkt hat, bemerke ich schnell, dass die ländlichen Gebiete Pakistans deutlich schlechter ausgebaut sind. Es ist kaum Infrastruktur vorhanden, nur einmal überqueren wir auf der Fahrt Bahngleise. Die Häuser sind oft sehr einfach gebaut, meist Flachdachbauten aus Lehm und Holz und sehr zweckorientiert, wie mir scheint. Was mich sehr überrascht, ist die Landschaft Pakistans. Klar, wir sind im Norden des Landes, trotzdem hatte ich aus irgendeinem Grund viel Trockenheit und Wüste erwartet, so wie in Saudi-Arabien. Meine Vorurteile haben sich wieder einmal als falsch herausgestellt: Die Gegend rund um Islamabad zumindest ist geprägt von einer florierenden Pflanzenwelt. Viele grüne Sträucher und große Bäume mit saftigen Blättern begleiten uns auf der Fahrt in Richtung Gebirge.

Allmählich wandelt sich die Umgebung wieder. Die Straßen sind besser befestigt und es sind deutlich mehr Autos unterwegs – Eselkarren sehen wir hier keine mehr. »Checkpoint«, sagt unser Fahrer, kaum dass wir die Stadtgrenze in Sichtweite haben und deutet nach vorne. Etwa hundert Meter entfernt von uns stehen mehrere Militärjeeps, die die Straße abgesperrt haben und offenbar die Autos kontrollieren. Mehrere Soldaten, mit schweren Maschinengewehren bewaffnet, winken uns an den Straßenrand und befragen unseren Fahrer.

Mein Herz pumpt, als die Soldaten uns mit erhobenen Waffen unverständliche Befehle zubrüllen. »Ich denke, wir müssen aussteigen«, sagt Jacob, der die Gesten der Militärs richtig interpretiert. »Hast du deinen Reisepass parat?«, fragt er mich und ich zeige ihm das kleine Büchlein als Antwort. Gemeinsam mit mindestens zehn anderen Leuten stellen wir uns in eine Reihe und warten, bis wir kontrolliert werden. »Siehst du einen Ausländer?«, frage ich Jacob, der sich daraufhin zu unserem Nachbarn beugt.

»Pakistan?«, fragt er, woraufhin dieser den Kopf schüttelt.

»Afghanistan«, erwidert der junge Mann und Jacob beugt sich zu ihm.

»Ah, Afghanistan«, sagt er interessiert. »Taliban?«

Ich merke, wie mir für einen Moment die Kinnlade runterfällt. Oh Mann, Jacob, denke ich, wehe ich komme wegen dir in den Knast. Unser Nebenmann scheint ähnliche Sorgen zu haben. Entgeistert reißt er die Augen auf und beginnt panisch mit den Armen zu rudern. »No, no, no, no Taliban«, sagt er hektisch im Flüsterton und auch unser Fahrer, der unbehelligt in Sichtweite im Auto sitzt, blickt sorgenvoll in Richtung des Soldaten, der nur noch wenige Schritte entfernt ist.

Peshawar ist eine Stadt, die nicht von Sehenswürdigkeiten lebt, sondern von ihrer Geschichte und den Erzählungen ihrer Einwohner.

»Passports«, adressiert uns der Soldat, als er uns erreicht hat. Etwas zittrig und käseweiß reicht ihm unser Nebenmann einen ausgeblichenen Lappen, den er kurz darauf wieder zurückbekommt und von dannen zieht. Jacob formt noch »sorry« mit den Lippen, aber der Mann ist einfach nur froh, dass er unbehelligt weiterfahren darf. Wir dagegen haben die Aufmerksamkeit des Militärs errungen.

»Where? Where from?«, fragt er uns, nachdem er einen Blick in die Ausweise geworfen hat. Wir kennen die Litanei natürlich schon zu Genüge und antworten artig. Den Soldaten stellt das jedoch nicht zufrieden.

»Germany and … Lithu …?«, stottert er in gebrochenem Englisch, die Waffe gefährlich in unsere Richtung deutend. »Where is … Lith …?«

»Lithuania«, erwidert Jacob deutlich und ergänzt. »Europe, you know?«.

»Europe.« Der Soldat kratzt sich am Kopf und deutet dann auf Jacobs Kamera, die um seinen Hals hängt.

»You, journalists?«

»Tourists«, erwidern wir, woraufhin er einen ungläubigen Laut ausstößt.

»Tourists?«, presst er hervor und mustert uns von oben bis unten. »Tourists?!«, sagt er erneut und blickt dann verwirrt in Richtung der Straßenabsperrung.

»Wait«, sagt er und geht schnellen Schrittes zu einem anderen Soldaten, der offenbar sein Vorgesetzter ist. Die beiden Männer diskutieren kurz und heftig, blicken mit verschlossenen Mienen in unsere Richtung, ehe sie auf uns zukommen. Der zweite Soldat, ich vermute ein Offizier, trägt einen getrimmten Schnauzbart und eine Schirmmütze mit Emblem und grünen Tarnfarben.

»You are journalists?«, fragt er ruppig, ohne uns zu begrüßen. Wir schütteln beide den Kopf.

»Tourists«, sagen wir einstimmig und ich setze meinen besten Braver-Junge-Gesichtsausdruck auf, den ich aufbieten kann.

»Touristen, das kann nicht sein. Habt ihr ID?«, fragt der Offizier weiter auf Englisch. Wir reichen ihm unseren Pass, aber er schüttelt heftig den Kopf. »Nein, ID vom Hotel«, sagt er und klopft ungeduldig mit dem Fuß. Ich merke, wie ich allmählich etwas unruhig werde. Es scheint offenbar ein ernsthaftes Problem mit Touristen zu geben. Auch Jacob, der eigentlich in jeder Situation die Ruhe weg hat, zieht eine tiefe Sorgenfalte auf der Stirn.

»Haben wir irgendwas?«, frage ich Jacob, der ebenfalls ratlos mit den Schultern zuckt. Sein Blick streift die bewaffneten Soldaten, die uns argwöhnisch fixieren, und er beugt sich geheimnistuerisch zu mir. »Flo, du bist doch gegen Entführungen versichert, oder?«, fragt er dann leise. Als ich schockiert den Kopf schüttele, klopft er mir aufbauend auf die Schulter.

Noch ehe ich mich von Jacobs Scherz erholen kann, lässt mich die Stimme unseres Fahrers aufhorchen.

»Nabila«, hören wir unseren Fahrer vom Auto aus rufen und er macht eine seltsame Handgeste dazu. Die Soldaten drehen sich um und mustern ihn, während ich versuche, mir einen Reim daraus zu machen, was er meint. »Nabila«, ruft er noch mal und hält sich seine Hand ans Ohr.

Große Autos sieht man hier selten - oder passen nur kleine durch die unzähligen Checkpoints?

»Ach, wir sollen Nabila anrufen«, stoße ich laut aus und gucke zu meinem Mitreisenden, der schon sein Smartphone in der Hand hält und vorsichtig bei dem Offizier um Erlaubnis bittet. Es dauert ein paar Momente, bis Nabila dran geht und Jacob reicht das Telefon direkt an den ranghöheren Soldaten weiter.

Körpersprache spricht manchmal Bände. Schon nach wenigen Worten in der fremden Sprache bemerke ich, wie der Soldat seine Anspannung verliert und sich seine Gesichtszüge glätten. Kurz darauf gibt er Jacobs Smartphone zurück und lächelt uns breit an. »Willkommen in Pakistan. Kommt, ich lade euch auf einen Tee ein.«

»Peschawar war lange die gefährlichste Stadt des Landes«, erzählt uns der Offizier, der uns nie seinen Namen verraten hat. Wir sitzen auf seidenen Kissen an einem kniehohen gedeckten Tisch auf dem schmutzigen Asphalt am Straßenrand und trinken einen von den Soldaten aufgebrühten Tee. Der Offizier, der zuvor so ruppig zu uns war, beantwortet uns freundlich unsere Fragen, sein Maschinengewehr auf dem Schoß liegend.

»Und warum gerade Peschawar?«, frage ich weiter.

»Peschawar ist an der Grenze zu Afghanistan und die Taliban haben dort großen Einfluss. Am Hindukusch«, präzisiert er. »Die Kontrollen sind hier besonders wichtig, weil viele Paschtunen Verwandte in Afghanistan haben.«

»Paschtunen?«, wirft Jacob neugierig ein.

»Ein Volksstamm, der hier lebt«, sagt der Offizier. »Die meisten Menschen in Peschawar sprechen nur Paschtu«, erläutert er daraufhin. »Es gibt viele Verbindungen zwischen den Paschtunen und Afghanen, aber dort gibt es eben auch Taliban. Deshalb müssen wir aufpassen.«

Zu Besuch bei einer pakistanischen Familie in Peschawar

Nach dem netten, aber nervenaufreibenden Zusammentreffen mit der pakistanischen Armee bin ich froh, als das Navigationssystem endlich das Ziel unserer Reise ankündigt. Verunsichert blicken wir uns um. Links und rechts sind abgesperrte Gatter großer Häuser. Wir sehen keinen Straßennamen und keine Nummern. Irritiert blicken wir auf unsere Smartphones und versuchen herzuleiten, wo Nabila wohnen könnte.

»Hier steht nur Hayatabad«, sage ich mit Blick auf mein Smartphone. »Wissen wir irgendetwas Näheres von Faisal?«, frage ich Jacob, der mit den Schultern zuckt.

»Das ist nur der Name eines Stadtteils und keine genaue Adresse«, erwidert er schließlich ratlos. Auch unser Fahrer blickt verloren drein. Er möchte uns aber unter keinen Umständen alleine lassen, bis wir nicht unsere Unterkunft gefunden haben.

»Können wir Ihnen helfen, Sirs?«, hören wir eine piepsige Stimme hinter uns. Überrascht drehen wir uns um. Zwei Jungs, vielleicht vier und sechs Jahre alt, gucken neugierig aus einer kleinen Nebengasse hervor und blicken uns mit ihren großen runden Augen an. »Sie brauchen Hilfe, Sir?«, fragt der ältere der beiden erneut in makellosem Englisch. »Wo wollen Sie hin?«

»Ähm, ja«, stottere ich überrascht, »wir suchen Nabila. Habt ihr schon mal von ihr gehört?«

»Nabila?«, jauchzt der kleinere von beiden und fängt an zu lachen.

»Wir können euch zu ihr bringen«, fügt der ältere Junge aufgeregt an. Die beiden rennen an uns vorbei und bedeuten uns mit rudernden Armen, ihnen zu folgen. Eilig werfen wir uns unsere Rucksäcke auf den Rücken, bedanken uns bei unserem Fahrer und versuchen, mit den Jungs Schritt zu halten. Trotz ihrer kurzen Beine sind die beiden enorm flink unterwegs. Binnen kurzer Zeit haben wir zwei oder drei Straßenzüge hinter uns gebracht. Mit jedem weiteren Schritt wachsen die Häuser in der Umgebung gefühlt einen Meter an Größe, bis sie mehr an Villen als an einfache Wohnhäuser erinnern.

Wir bleiben schließlich vor einem hohen schwarzen Tor stehen. »Wir sind da«, sagt der ältere der beiden, der sich als Tariq vorgestellt hat. Ein kleiner, drahtiger Mann öffnet uns die Tür mit einem Lächeln. »Salam alaikum«, sagt er und fährt in einer Sprache fort, die ich noch nie gehört habe. Hilfesuchend blicke ich zu den beiden Jungen.

»Das ist mein Vater«, sagt Tariq, »und er sagt, dass ihr angekündigt wurdet. Nabila ist noch nicht zu Hause, sie arbeitet. Aber ihr könnt euer Gepäck auf euer Zimmer bringen.« Er blickt erneut zu seinem Vater, der weiterredet. »Heute Abend gibt es ein gemeinsames Essen, dann lernt ihr Nabila kennen.«

Das geplante Couchsurfing stellt sich als komfortabler Aufenthalt in Nabilas Zuhause heraus, in dem jeder von uns ein eigenes Zimmer bekommt. Tariqs Vater, der kein Wort Englisch spricht, hat uns außerdem ein Taxi gerufen, damit wir den Nachmittag in der Stadt verbringen können. Der Empfang in Nabilas Villa ist so freundlich, wie ich es in den besten Hotels noch nicht erlebt habe. Die Bediensteten bieten uns gleich Tee und Essen an, was wir jedoch dankend ablehnen. Immerhin haben wir so noch ein bisschen Zeit, die Gegend zu erkunden.

»Aber heute Abend müsst ihr da sein, Nabila lädt euch zum Essen ein«, übersetzt Tariq für uns und wir versprechen, pünktlich zurück zu sein.

Gegen 19 Uhr mache ich mich auf den Weg in den Wohnbereich. Das Haus von Nabila hat einen wunderschönen Innenhof, in dem die Kinder spielen und man seine Zeit verbringen kann. Es erinnert mich ein wenig an eine römische Villa, mit Atrium und öffentlichem Bereich im Erdgeschoss, während die privaten Zimmer, die Gästezimmer und der Schlafbereich, im Obergeschoss sind.

Im Wohnbereich wurde eine große Decke ausgebreitet, auf der sich Jacob bereits niedergelassen hat. Am »Kopfende« der Decke sitzt eine Frau, deren Alter ich unmöglich bestimmen mag. Sie wirkt schon auf den ersten Blick so lebenserfahren und authentisch, wie ich es selten erlebt habe.

»Guten Abend, du musst Flo sein«, sagt sie mit volltönender, überraschend tiefer Stimme, erhebt sich und gibt mir lächelnd die Hand. »Ich bin Nabila. Willkommen in meinem Haus.«

Unsicher, wie ich mich verhalten soll, verbeuge ich mich leicht, während ich mich für den Aufenthalt bedanke. »Du hast ein wunderschönes Zuhause, Nabila«, füge ich an.

Nabila nickt dankend. »Unser Haus ist groß und bietet Platz für viele«, sagt sie. »Setz dich, Farhan serviert gleich unser Essen. Mein Mann lässt sich entschuldigen, er ist mit seinem Bruder einige Tage unterwegs. Sie jagen«, erläutert sie mir. Kurz darauf kommt Tariqs Vater in den Raum und stellt mehrere Platten mit unterschiedlichen Gerichten auf den Teppich, dazu Reis und ein selbst gebackenes Fladenbrot. Zu uns gesellen sich die beiden Jungs, Tariq und sein kleiner Bruder Bilal, eine weitere Bedienstete, Anisa, die offenbar die Mutter der beiden ist, und ein etwa zwanzigjähriger Mann, den wir bis dahin noch nicht gesehen haben. »Mein Sohn, Adam«, stellt Nabila ihn uns vor.

Das Essen vor uns duftet köstlich. Ich tue mich gütlich an gegrilltem und gut gewürztem Fleisch, einer Art Kichererbsensalat und etwas, das ich als Baba Ghanoush kenne, aber das einen etwas anderen Namen hat. Das Essen erinnert stark an indische Gerichte. Die Gewürze sind etwas weniger deftig, dafür schmeckt man die Zutaten stärker. »Das Brot ist hervorragend«, richte ich an Farhan, der zwar nichts versteht, aber meine Geste erkennt und sich sehr freut.

Neben mir sitzt Nabilas Sohn Adam und reicht mir frisches Wasser. »Was machst du beruflich, Adam? Oder gehst du noch zur Schule?«, frage ich ihn neugierig.

»Adam macht dieses Jahr seinen Abschluss und wird dann studieren«, antwortet Nabila für ihren Sohn, der bestätigend nickt und sich wieder auf sein Essen konzentriert. »Er wird genau wie sein Vater ein Arzt, nicht wahr?«

Statt auf der Decke speisen wir am nächsten Tag am Tisch. Die Köstlichkeiten der pakistanischen Küche sind eine Geschmackserfahrung.

Wieder nickt Adam.

»Kann man in Peschawar studieren?«, frage ich.

Diesmal nickt Adam. »Ja, aber ich möchte gerne nach Islamabad gehen. Vielleicht auch ins Ausland«, sagt er und wirft einen Blick zu seiner Mutter, die ihn streng fixiert.

»Unsere Tochter Adila studiert bereits Jura«, erklärt Nabila, nicht ohne Stolz.

»Dürfen Mädchen in Pakistan studieren?«, fragt Jacob erstaunt.

»Selbstverständlich«, erwidert unsere Gastgeberin. »Frauen dürfen hier auch arbeiten. Ich bin Geschäftsfrau und verdiene genauso Geld wie mein Mann. Es werden sogar Frauen in das Parlament gewählt. Wir waren das erste muslimische Land mit einer Staatsführerin.«

Nachdem ich noch die Eindrücke von Saudi-Arabien und das dortige Frauenbild lebendig vor Augen habe, bin ich erstaunt, muss ich ehrlich zugeben. »Aber gibt es nicht auch Zwangsehen in Pakistan?«, frage ich vorsichtig und Nabila nickt bestätigend.

»Manchmal, in manchen Familien schon«, sagt sie. »Unsere Tochter darf sich ihren Mann aussuchen, aber wir schlagen ihr einen Partner vor. Sie hat die Wahl«, betont sie. Als sie meinen skeptischen Blick sieht, holt sie etwas weiter aus. »In Pakistan ist alles sehr abhängig von der Familie. Wir haben keine Sozialversicherung, es gibt auch keine Grundsicherung. Die staatlichen Leistungen sind sehr gering. Die Familie sorgt dafür, dass man eine Ausbildung und ein gutes Leben bekommt, sie ist die soziale Sicherung und die Rentenversicherung. Deshalb wird Adam Arzt, damit er später für seine Familie sorgen kann, genauso wie das sein Vater tut. Und aus diesem Grund ist es wichtig, dass Adila einen anständigen Mann heiratet, der für sie und ihre Familie sorgen kann«, führt sie aus.

»Ich hätte auch noch eine Frage, Nabila«, sagt Jacob, »aber nur wenn es okay ist.« Sie lächelt ihn offen und freundlich an. »Ich freue mich über jede Frage, die ihr stellt«, erwidert sie. »Shoot«, sagt sie zwinkernd.

»Farhal und Anisa, sie sind eure Bediensteten nicht wahr?«, fragt Jacob und Nabila nickt.

Nabila (links) und ihre Freundin verwandeln mich in einen Paschtun,
einen Angehörigen eines Volksstammes aus den Bergen
zwischen Pakistan und Afghanistan.

»Ja«, erwidert sie und errät Jacobs eigentliche Frage. »Das ist in Pakistan sehr üblich und es hat auch viel mit Familie zu tun. Farhad und Anisa arbeiten für uns, sie ermöglichen unser Leben und dafür bekommen sie etwas Geld. Vor allem aber wohnen sie bei uns. Sie gehören zur Familie. Mein Mann und ich sorgen dafür, dass Tariq und Bilal auf eine gute Schule gehen und eine ordentliche Erziehung bekommen«, erklärt sie und deutet auf die beiden Jungs. »Wir sind ein Haushalt, eine Familie«, bestärkt sie noch mal, »nur so können wir uns eine Zukunft aufbauen.«

Nach diesem intensiven Gespräch mit Nabila bin ich total geplättet. Wie wichtig Familie in diesem Teil der Welt ist, habe ich zwar schon vermutet, aber noch nie wurde es mir so deutlich gemacht. Ohne Familie ist man hier einfach nichts wert, oder zumindest ist es viel schwieriger, irgendetwas zu erreichen. Allerdings hat man auch einen stärkeren Kompass, etwas, das einem eine klare Richtung vorgibt und vielleicht sogar einen Sinn. Manchmal kann das sicher helfen, ein stabiles Leben aufzubauen. Es kann sein Gutes haben, denke ich. Andererseits hätte ich ein massives Problem mit den Abhängigkeiten. Was, wenn ich nicht das machen möchte, was meine Familie will? Während ich so grüble und mich gemächlich auf mein Zimmer begebe, höre ich Schritte hinter mir. »Hey, Flo«, sagt Adam und tippt mir auf die Schulter. »Hättet ihr beiden Lust, morgen Abend etwas mit mir und meinen Freunden zu unternehmen?«, fragt er.

»Klar«, sage ich, woraufhin er sich plötzlich freut wie ein kleiner Junge. »Super«, sagt er, »dann bis morgen.«

Stadttour mit einem Einheimischen

»Mein Name ist Mohammed Mumalik und ich zeige euch heute Peschawar. Und zwar mein Peschawar, die Stadt, in der ich groß geworden bin.« Mohammed richtet seinen Blick von der Kamera wieder zu uns und schaut uns unsicher an. »Passt das so? War das richtig?«

»Na klar,« rufen Jacob und ich gleichzeitig und klopfen ihm aufbauend auf die Schulter. Ich sehe unserem Tourguide seine Aufregung an. Er ist ein unglaublich netter Mensch, mit einem ehrlichen, rundlichen Gesicht, einem bauschigen Vollbart und jugendlichen Augen. Nabila hat ihn uns vermittelt und gesagt, er sei einer ihrer

»Klienten«. Mohammed ist Start-up-Gründer, sagt er, er organisiert Touren durch die Stadt und das Land und führt auch selbst Touren durch. Nabila unterstütze ihn, erzählt er auf Nachfrage, sie helfe bei der Organisation und sorge für neue Kundschaft. Geld bekommt sie von ihm dafür aber nicht, meinte er. »Nabila ist einfach ein Segen«, sagt er uns freimütig.

Peschawar, so viel weiß ich mittlerweile, hat bis vor Kurzem den unglücklichen Ruf gehabt, die gefährlichste Stadt der Welt zu sein. In kaum einer Stadt gab es mehr Terroranschläge, die Taliban haben in dem Versuch, ihr Einflussgebiet zur erweitern, den Alltag dominiert. »Aber eigentlich sind wir berühmt für unser Essen und unsere Freundlichkeit«, erklärt Mohammed, während er uns in Richtung Markt führt.

Davon dürfen wir bald Zeugen werden. Der Markt ist auf einer langen Straße, links und rechts sind eng aneinandergedrängt Stände

Historische Fassaden in Peshawar zeugen von dem vergangenen Reichtum der Stadt.

und Läden, die versuchen, ihre Sachen an den Mann zu bringen. Meine Sinne werden bombardiert von Gerüchen und Eindrücken. Gewürze, frisches Brot, Fleisch wird frisch auf dem Grill zubereitet oder es hängt einfach nur an einem Haken zum Mitnehmen – ohne Kühlung, versteht sich. Frisches Gemüse liegt in allen erdenklichen Farben und Formen aus, Stände mit Samen, Nüssen, verschiedenen Sorten von Kichererbsen und Erbsen und all das zwischen unzähligen Menschen, die dicht aneinandergedrängt stehen, handeln, feilschen und Tee trinken. Je weiter wir in den Markt vordringen, desto mehr bemerken wir, dass die Leute aufmerksam auf uns werden. Manche zeigen auf uns, andere kommen auf uns zu und wollen unsere Hand schütteln. »Dil dil Pakistan«, sage ich und die Menschen nehmen den Spruch jubelnd auf. Einer der Standinhaber redet beharrlich auf uns ein, während Mohammed für uns übersetzt. »Er möchte euch unbedingt auf einen Tee einladen«, erklärt er und uns bleibt nichts anderes übrig, als das Angebot anzunehmen. Als wir hinter seinem Tresen auf dem Boden sitzen sehe ich, wie große Lamm- und Schafskeulen über uns schwingen. Auf ein paar kräftigen Rindfleischbrocken tummeln sich die Fliegen und in großen Plastikschalen liegen unterschiedliche Innereien, die ich nicht zuordnen kann. »Und, schmeckt dir der Tee?«, frage ich Jacob augenzwinkernd. Offensichtlich bereitet meinem Mitreisenden die gewöhnungsbedürftige Geruchsmischung aus leicht angeranztem Fleisch, Blut und frisch geschlachtetem Tier einige Probleme. Als wir aufstehen und uns bedanken, hat seine Gesichtsfarbe einen sanften Grünstich angenommen – ein Ausdruck seines Daseins als Vegetarier.

Die pakistanische Gastfreundschaft ist überwältigend und wir können uns vor Tee-Einladungen nicht retten, weshalb wir uns bald in die Gassen abseits der Marktstraße begeben. »Hier in der Nähe habe ich als Kind gespielt«, sagt Mohammed und zeigt uns ein paar Hinterhöfe, in denen Kinder und Jugendliche Cricket spielen. »Unser Nationalsport«, sagt Mohammed stolz. »Jeder kann Cricket spielen bei uns.«

Wir schauen ein paar Runden zu und machen ein paar Aufnahmen, als ich spontan die Lust spüre, mitzuspielen. »Darf ich …?«,

---

Eine der wenigen Sehenswürdigkeiten der Stadt:
Der Cunningham Clocktower in der Altstadt von Peshawar.
Das Dach erinnert mich an einen britischen Tropenhelm.

Bilal Tailors

frage ich und deute auf einen Schläger. Sofort wird das ganze Spiel unterbrochen und alle Mitspieler kommen freudig auf mich zu. Einer drückt mir seinen Schläger in die Hand.

»Weißt du, was zu tun ist?«, ruft mir Mohammed von der Seite aus zu, aber das Spiel geht bereits weiter. Wird nicht so schwer sein, denke ich, ist halt wie Baseball. Ich stelle mich angespannt hin, den flachen Knüppel in Schlagposition hinter mir und gebe das Signal, dass ich bereit bin. Der Werfer dreht sich geschickt und wirft den Ball, sodass dieser einmal auf den Boden aufsetzt und dann auf mich zuschießt. Ich erwarte den richtigen Moment und schwinge mit aller Macht den Schläger – und schlage mit pfeifender Luft ins Leere.

»Warte, warte«, sagt unser Guide Mohammed und rennt zu mir aufs Spielfeld. »Ist nicht Baseball«, erklärt er, »du musst den Schläger nach unten halten. Etwa so.« Er setzt meine Hände in die richtige Position und dreht die speziell geformte Aufschlagfläche in Richtung Boden. »Und dann nicht zum Werfer zielen«, sagt er noch, als das Spiel bereits weitergeht. Ich fühle mich bedingt besser gewappnet, aber ich möchte zumindest einmal treffen. Wieder läuft der Werfer an, dreht sich, und der Ball fliegt – erneut mit einem Aufsetzen – in Hüfthöhe zu mir. Etwas verkrampft schlage ich zu und spüre, wie der Ball die Schlagfläche trifft, wenn auch nicht ganz in der Mitte.

»Ahh«, höre ich vom Rand des provisorischen Spielfelds und ich sehe, wie ein etwas älterer Herr, der mit dem Rücken zum Spiel steht, sich seinen Hintern reibt. Entschuldigend renne ich zu ihm und Mohammed, der sich vor Lachen kaum halten kann, übersetzt für mich.

»Und, war's das schon mit deiner Cricket-Karriere?«, zieht mich Jacob auf, nachdem ich mich bei meinen Mitspielern bedankt habe und wir weiterziehen.

»Ach Jacob, wenn ich gewonnen hätte, dann hättest du doch nichts zu filmen gehabt«, erwidere ich gönnerhaft. »Das habe ich nur für dich getan.«

»Oh, ich bin geschmeichelt, Flo«, sagt er, »aber ich würde dich auch gerne gewinnen sehen.« Er deutet auffordernd zurück auf das Cricket-Feld. »Vielleicht doch noch einen Versuch wagen?«

Fassaden in der Altstadt von Peshawar

»Cricket ist gar nicht so leicht, oder Flo?«, sagt Mohammed, der noch mit ein paar Bekannten geredet hat. Auf einmal müssen wir alle drei aus vollem Halse über meine offen zur Schau gestellte Unfähigkeit lachen und setzen in gemächlichem Tempo unsere Stadttour fort.

Abhängen mit Adam

Es ist unser zweiter und letzter Abend in Peschawar und wir verbringen ihn – wie versprochen – mit Nabilas Sohn Adam und seinen Freunden. Die vier Jungs, die schon in Adams Zimmer sitzen, freuen sich riesig, als wir zu ihnen stoßen. »Willkommen, willkommen«, rufen sie und schütteln uns jeder einzeln die Hand. Die Jungs wollen wahnsinnig viel wissen. Sie haben noch nie Globetrotter getroffen, sind alle auf YouTube unterwegs und haben unzählige Fragen. »Wie heißt dein Kanal, Flo?«, fragen sie mich und klicken gleich »abonnieren«, um mich zu unterstützen.

»Take a picture, take a picure.« Die Menschen in Pakistan lieben es, vor der Kamera zu stehen.

»Jacob braucht das nicht mehr«, lachen sie und blicken zugleich ehrfürchtig auf den professionellen YouTuber neben mir. »Ich würde mich geehrt fühlen, wenn ihr meine Videos trotzdem anseht«, erwidert dieser bescheiden. Mit Jacob unterwegs zu sein, ist etwas Besonderes. Er schafft es, auf natürliche Weise die Aufmerksamkeit seiner Umgebung an sich zu binden. Aber er ist dabei immer ganz ruhig, klopft keine großen Sprüche oder spielt sich in keinster Weise auf. Er gibt jedem, den er trifft, das Gefühl, nur wegen ihm oder ihr in diese Stadt, dieses Land, gekommen zu sein. Schon heute Nachmittag in Peschawar ist es mehrmals vorgekommen, dass ich alleine vorangegangen bin, um mir etwas genauer anzusehen. Und als ich mich umgedreht habe, stand Jacob mit der Kamera in der Hand da, vor ihm ein oder mehrere Menschen, mit denen er sich intensiv unterhalten hat. Immer mit voller Konzentration und mit viel Gefühl und Tiefe.

Diese Gabe, sehr schnell voll und ganz in eine Kultur einzutauchen, bewundere ich aufrichtig. Und auch jetzt sind die Jungs auf Jacob fokussiert. Obwohl sie noch vor ein paar Momenten angekündigt haben, uns mit ihren Fragen zu löchern, sind sie es jetzt, die unablässig reden und aus ihrem Leben in Pakistan erzählen.

»Und Adam«, frage ich meinen anderen Sitznachbarn, »freust du dich schon auf dein Studium?« Adam schaut etwas verlegen und schüttelt dann den Kopf.

»Weißt du, eigentlich möchte ich gar nicht Arzt werden«, sagt er etwas verstohlen. »Aber meinen Eltern ist es so wichtig.«

»Okay, und was würdest du gerne werden?«

Er blickt verlegen auf den Boden und beugt sich zu mir. »Ich würde am liebsten Bäcker werden. Konditor, damit ich immer die schönsten Torten machen kann.«

»Wow, das klingt nach einer echten Leidenschaft«, sage ich aufbauend. »Backst du häufig?«

Adam nickt. »Ich bin oft unten bei Anisa in der Küche und helfe ihr, wenn sie Kuchen macht oder Teilchen backt. Meine Mutter weiß davon nichts«, fügt er sofort an.

»Wäre es denn schlimm, wenn sie es wüsste?«

»Dass ich backe? Nein, das nicht«, erwidert Adam. »Aber dass ich nicht das tun möchte, was sie für mich ausgesucht hat. Das wäre schlimm.«

»Weshalb?«

Adam lacht laut auf. »Weil es meine Eltern sind. Sie bestimmen, was zu tun ist und ich muss auf sie hören. Ist das bei dir nicht so?«

Diesmal muss ich etwas lachen und schüttle den Kopf. »Nein, ich denke, bei uns ist das etwas anders.«

»Wie ist es denn bei euch?«

Ich muss kurz überlegen, ehe ich antworte. Im Hintergrund hat einer der Jungs, Fahid, seine Gitarre ausgepackt und Pakistans inoffizielle Nationalhymne angestimmt. Dil dil Pakistan.

»Meine Eltern haben mir die freie Wahl gelassen, was ich zu meinem Beruf machen möchte«, sage ich, aber irgendwie scheint diese Antwort nicht ganz befriedigend zu sein.

»Dann hast du also etwas gelernt, das dich glücklich macht?«, fragt Adam neugierig.

Aisy zameen aur aasmaan, in kay siwa jana kaha
bharti rahay yeah roshnee, chalta rahay yeah karwaan.

»Nein, glücklich hat mich das nicht gemacht«, erwidere ich, während Jacob und die anderen mittlerweile gemeinsam zu Fahids Gitarre singen.

»Warum hast du es dann gelernt?«, fragt mich Adam und blickt mich irritiert an.

Dil dil Pakistan, jan jan Pakistan,
dil dil Pakistan, jan jan Pakistan

Ja, warum habe ich das gelernt, frage ich mich. BWL zu studieren, war sicher keine schlechte Entscheidung. »Es erschien mir sinnvoll«, sage ich ausweichend. »Ich wusste damals noch nicht wirklich, was ich machen will, und da war mein Studiengang eine Chance, unterschiedliche Wege einzuschlagen.«

»Und das hat dich dann glücklich gemacht? Du hast gefunden, was du tun möchtest, ja?«

Dil dil say miltay hain to pyaar ka chehra banta hay.
Phool ik larhee main piroyain to sehra banta hay,
chehra banta heay.

»Nein, eigentlich nicht«, erwidere ich und sehe, wie Adam eine rätselhafte Miene zieht.

»Aber Flo, du kannst doch tun und lassen, was du willst. Du hast doch gesagt, dass deine Eltern dich nicht zwingen, etwas Bestimmtes zu tun, oder?«

Einer der Verkäufer auf dem Markt in Peshawar, wo wir uns vor Einladungen zum Tee nicht retten konnten.

»Ja, richtig.«

»Weißt du, ich werde nie Konditor werden, weil mein Vater und meine Mutter es verbieten. Sie werden mir keine Ausbildung bezahlen und mich verstoßen, wenn ich nicht tue, was sie wollen. Aber du hast diesen Zwang nicht. Du kannst doch das machen, was du möchtest. Also, was willst du mit deinem Leben tun? Dir steht doch alles offen, du bist kein Pakistani. Das ist dein Glück.«

Adam schaut mich intensiv an und wird dann angestupst, um auch mitzusingen, was er aus vollem Halse macht.

Dil dil Pakistan, jan jan Pakistan,
dil dil Pakistan, jan jan Pakistan.

Ich dagegen sitze still da und frage mich, wie es sein kann, dass dieser junge Pakistani, der vermutlich nie die Freiheit haben wird, die ich genießen darf, mehr vom Leben verstanden hat als ich. Ich betrachte jeden einzelnen der Jungs, die zwanglos miteinander im Kreis sitzen, vor uns eine Kanne Tee, einer mit Gitarre, und die aus voller Kehle die Liebe zu ihrem Land rausschreien. Nein, ich kann Adam nicht zustimmen. Es ist kein Glück, nicht Pakistani zu sein. Ganz im Gegenteil. Ja, die Umstände in Pakistan sind teilweise erschütternd, gerade in Peschawar muss es vor einigen Jahren schrecklich gewesen sein zu leben. Ein Bekannter sagte einmal zu mir, bevor ich in den Orient gefahren bin, was ich denn dort wolle. »Dort ist das Leben doch nichts wert.« Und rein rational kann ich ihm zustimmen. Das Leben ist in den Ländern, die ich besucht habe, deutlich weniger wert. Der Tod ist viel näher. In Saudi-Arabien und im Iran gibt es die Todesstrafe für Handlungen, die bei uns im Grundrecht verbürgt sind. In Pakistan, sowohl im Süden als auch im Norden, muss man nach wie vor um sein Leben fürchten, wenn man auf dem Weg zur Arbeit ist. Der Tod ist näher und das Leben ist flüchtiger. Aber genau hier liegt das Missverständnis begraben, denke ich. Das Leben ist dadurch nicht weniger wert. Es ist mehr wert. Viel mehr. In der kurzen Zeit, die ich in diesen Ländern verbracht habe, habe ich festgestellt, dass die Menschen dort viel intensiver fühlen, unbeschwert ihre Freude ausdrücken

---

Grüner Tee in der Gemeinschaft mit Freunden ist in Pakistan ein Kulturgut. Statt in einer Bar trifft man sich in den unzähligen Tee-Läden der Stadt.

und vor allem die wertvollen Momente erkennen, die sie glücklich machen.

Es ist eine Ironie des Schicksals, dass jemand wie Adam genau weiß, was er sein möchte, und es nicht sein kann. Und jemand wie ich, der (fast) alles sein könnte, nicht weiß, was er will. Meine bisherige Reise hat mir gezeigt, dass das Glück oft dort versteckt ist, wo man das Gegenteil vermutet. Und auch wenn ich nicht glaube, dass Leid eine Bedingung für Glück oder Lebensfreude ist, so bin ich mittlerweile doch der Überzeugung, dass man Durchhaltevermögen braucht, um echtes Glück zu erleben. Man muss eben das eine oder andere dunkle Tal durchwandern. Ich brenne diesen Gedanken fest in mir ein und hoffe, dass ich ihn im richtigen Moment wieder finden werde. Dann reißt mich das Grölen von Jacob wieder zurück in die Gegenwart. Gemeinsam singen wir mit den jungen pakistanischen Männern den Refrain ihrer Hymne.

Dil dil Pakistan, jan jan Pakistan,
dil dil Pakistan, jan jan Pakistan.

Islamabad und der Weg nach Hause

Jacob und ich beschließen, die nächste Etappe gemeinsam zu nehmen und dann getrennte Wege zu gehen. Er möchte gerne im Süden drehen, während es mich in die Himalayas zieht. »Viel zu kalt«, sagt Jacob fröstelnd und grinst mich an. »Ich möchte lieber in Richtung Äquator.«

Wir nehmen am nächsten Abend einen Bus zurück nach Islamabad, der deutlich langsamer ist als unser Taxi nach Peschawar. Der Bus fährt nur über Kuhdörfer und auf Wegen mit unzähligen Schlaglöchern. Völlig übernächtigt kommen wir am nächsten Morgen in Islamabad an.

»Es war mir eine Ehre«, verabschiede ich mich von Jacob, der mich herzlich an seine Brust drückt.

»Ganz meinerseits, Flo. Wir sehen uns«, sagt er und marschiert in Richtung Bahnhof. Ich dagegen fahre direkt in das Hostel, in dem ich zuvor schon war, und möchte einfach nur ausschlafen.

Der Hostelbesitzer erkennt mich sofort wieder und gibt mir sogar dasselbe Zimmer, das ich zuvor schon hatte. »Und dann, nach

Hause?«, sagt er lächelnd und ich schüttle den Kopf. »Nach Skardu, in die Berge«, erwidere ich. »Sobald ich mich ausgeschlafen habe.«

Mein Gegenüber runzelt sorgenvoll die Stirn. »Davon würde ich dir dringend abraten, Flo. Hast du die letzten Tage keine Nachrichten gelesen?«

Die Zeit in Peschawar ging so an mir vorbei, dass ich tagelang nicht mehr in einen Fernseher, geschweige denn in eine Zeitung geblickt habe. »Wenn du jetzt in die Berge gehst, dann wirst du da für Monate festsitzen. Pakistan macht alles dicht. Du und dein Freund, ihr habt einen der letzten Busse von Peschawar erwischt. Ab morgen fährt nichts mehr.«

Was er sagt, klingt für mich wie aus einer anderen Welt. Ich wähle mich ins Internet und stelle fest, dass sich in der vergangenen Woche alles verändert hat. Alle Länder, die ich besucht habe – Türkei, Iran, Saudi-Arabien und jetzt Pakistan –, haben nacheinander ihre Grenzen geschlossen. Ich fühle mich, als ob mich mit einem Schlag die Realität einholt. Dass diese Reise nur eine Fiktion war, eine Flucht, die ich gemacht habe, um meinem eigenen Leben zu entkommen. Und dass mich die Wirklichkeit dieses Lebens nun eingeholt hat. Covid-19 nennen sie das Virus, das mich offensichtlich verfolgt hat, ohne dass ich es je wirklich bemerkt hätte. Nach Pakistan habe ich mir meine Reiseroute sorgfältig mit Zügen und Bussen zurechtgelegt, um den Weg zurück nach Europa über den Landweg zu finden. Es wäre aufregend gewesen, und, das sehe ich jetzt, utopisch. Die deutsche Botschaft ruft alle Staatsbürger dazu auf, in den nächsten drei Tagen zurück in die Bundesrepublik zu fliegen. Eine andere Chance auf eine Einreise gibt es nicht mehr. Nicht, weil sie mir verwehrt würde. Sondern weil kein Flieger mehr geht, kein Bus, kein Zug. Deprimiert schüttle ich den Kopf und mache mich daran, meine Eltern über den Rückflug nach Deutschland zu informieren.

Epilog

Was nimmt man mit von einer Reise, aus der man gerissen wird, wie aus einem Traum? Vielleicht die Erkenntnis, dass man sich mit Effizienz und Planung manchmal Chancen nimmt, etwas ganz und gar Außergewöhnliches zu erleben. Je mehr Platz ich für Neues gemacht habe, desto mehr habe ich erlebt. Ich habe aber auch gelernt, dass in manchen Ländern Freiheit für Männer nicht dasselbe ist wie Freiheit für Frauen.

Die prägendste Erkenntnis aber ist, dass nichts so ist, wie man es erwartet. Praktisch keines der Vorurteile, die ich hatte, hat sich bestätigt. Stattdessen habe ich gelernt, dass allen Menschen eine universelle Sprache zu eigen ist, die unmittelbar und leicht verständlich ist: Freude über Besuch, Zuneigung und Gastfreundschaft.

Zum Schluss bleiben mir von dieser Reise fünfhundert Stunden an Videomaterial, ein ungenutzter YouTube-Channel und die Aussicht auf einen mehrmonatigen Lockdown ohne Job. Na dann, an die Arbeit.

Nasir-ol-Molk-Moschee, Iran. Meine Reise hat mich zum Nachdenken angeregt und mir auf einzigartige Weise Menschen anderer Kulturen nähergebracht.

Flower
Balloons

Jeden Morgen steigen dutzende Heißluftballons über die Feenkamine in Kappadokien auf. Ein wahrhaft magischer Ort.

Schwarzes Meer
BULGARIEN
GEORGIEN
TIFLIS
ISTANBUL
Samsun
Trabzon
JEREWAN
BAKU
Bursa
ANKARA
Erzurum
Ararat
5137
ASERBAIDSCHAN
TÜRKEI
Süphan Dağı
4058
Sabalan
4794
Aksaray
Kayseri
Erciyes Dağı
3916
Kappadokien
Vansee
Izmir
Tabriz
Selçuk
Pamukkale
Konya
Antalya
Adana
Mossul
Aleppo
Kirkuk
Rhodos
ZYPERN
SYRIEN
Kreta
Bakhtaran
MITTELMEER
LIBANON
BEIRUT
BAGDAD
DAMASKUS
Tel Aviv
ISRAEL
AMMAN
IRAK
Jerusalem
Alexandria
JORDANIEN
KAIRO
Basra
Gizeh
Kuwait
Ha'il
Asyut
Buraydah
SAUDI-
ÄGYPTEN
Qina
Medina
RIAD
Assuan
Nassersee
Rotes Meer
Al Wahbah Crater
ARABIEN
Dschidda
Mekka
Kumdah
Bur Sudan
Dschabal Sauda
3133
Abha
SUDAN
Jizan
ERITREA
Omdurman
Khartum
Sanaa
Asmera
Weißer Nil
Blauer Nil
Gonder
Aden
ÄTHIOPIEN
DJIBOUTI

Nukus
USBEKISTAN
KIRGISTAN
TASCHKENT
TURKMENISTAN
Pik Ismoil Somoni 7495
Kashi
Kungur Tagh 7719
TADSCHIKISTAN
CHINA
Duschanbe
Aschgabat
Amudarja
Gorgan
Masar-e Scharif
Gilgit
K2 8611
MASCHHAD
Nanga Parbat 8126
KABUL
Islamabad
Herat
PESCHAWAR
AFGHANISTAN
IRAN
Rawalpindi
Birjand
Yazd
Faisalabad
Kandahar
Multan
Kerman
Kwatta
Ambala
Shiraz
Zahedan
PAKISTAN
Bikaner
Sukkhur
Bandar Abbas
Jaipur
Hormus Island
Golf
Jask
INDIEN
Dubai
Karatschi
Abu Dhabi
Golf von Oman
Maskat
U.A.E.
Ahmadabad
Sur
Indore
OMAN
Surat
MUMBAI
Arabisches Meer
Salalah
Hubli
Aden
N
0
100 km

Impressum

Verantwortlich: Susanne Then
Korrektorat: Christiane Gsänger
Gestaltung und Satz:
Akademischer Verlagsservice Gunnar Musan
Kartografie: Huber-Kartographie Heike Block
Lektorat: Daniela Hansjakob
Repro: LUDWIG:media
Umschlaggestaltung: Mathias Frisch
Herstellung: Bettina Schippel
Printed in Slovenia by Florjancic

★★★★★

Sind Sie mit diesem Titel zufrieden? Dann würden wir uns über ihre Weiterempfehlung freuen. Erzählen Sie es im Freundeskreis, berichten Sie ihrem Buchhändler, oder bewerten Sie bei Onlinekauf.Und wenn Sie Kritik, Korrekturen, Aktualisierungen haben, freuen wir uns über Ihre Nachricht an NG Buchverlag GmbH, Postfach 40 02 09, D-08702 München oder per E-Mail an lektorat@verlagshaus.de

Unser komplettes Buchprogramm finden Sie unter: www.nationalgeographic-buch.de

Alle Angaben dieses Werks wurden vom Autor sorgfältig recherchiert und auf den neuesten Stand gebracht sowie vom Verlag geprüft. Sollte dieses Werk Links auf Webseiten Dritter enthalten, so machen wir uns die Inhalte nicht zu eigen und übernehmen für die Inhalte keine Haftung.

In diesem Buch wird aus Gründen der besseren Lesbarkeit das generische Maskulinum verwendet. Weibliche und anderweitige Geschlechteridentitäten werden dabei ausdrücklich mitgemeint, soweit es für die Aussage erforderlich ist.

Bildnachweis:
Alle Bilder auf dem Umschlag und im Innenteil © Florian Müller, außer: S. 176 © Muhammad Hussan

Umschlagvorderseite: Vor der Blauen Moschee in Istanbul; Umschlagrückseite: o. li. und u. re.: In der Wüste Saudi-Arabiens; o. re.: Kalksteinterrassen von Pamukkale; u. li.: Die heilige Moschee in Medina; S. 2/3: Kappadokien – Amulette schützen vor dem bösen Blick; S. 4/5: Abendstimmung auf Hormus; S. 6/7: Mit lächelndem Kamel in der Wüste Saudi-Arabiens; S. 10/11: Männer in Peshawar; S. 14/15: Das Tal der Tauben in Kappadokien; S. 46/47: Sheikh Lotfollah Moschee in Isfahan; S. 102/103: Wüste in Saudi-Arabien; S. 148/149: Altstadt von Peshawar

Die Deutsche Nationalbibliothek verzeichnet diese Publikation in der Deutschen Nationalbibliografie; detaillierte bibliografische Daten sind im Internet über http://dnb.d-nb.de abrufbar.

ISBN 978-3-86690-831-4

Ebenfalls erhältlich

978-3-86690-787-4

978-3-86690-778-2

978-3-86690-725-6

978-3-86690-783-6

Seit ihrer Gründung 1888 hat sich die National Geographic Society weltweit an mehr als 14 000 Expeditionen, Forschungs- und Schutzprojekten beteiligt. Die Gesellschaft erhält Fördermittel von National Geographic Partners LLC, unterstützt unter anderem durch Ihren Kauf. Ein Teil der Einnahmen dieses Buches hilft uns bei der lebenswichtigen Arbeit zur Bewahrung unserer Welt. Falls Sie mehr über National Geographic wissen wollen, besuchen Sie unsere Website unter *www.nationalgeographic.de.*